JN335139

NIKKEI BUNKO 日経文庫

戦略的交渉入門

田村次朗・隅田浩司

日本経済新聞出版

まえがき

最近では、交渉やコミュニケーションに関心が集まっています。

交渉学では、交渉を『対話』としてとらえています。対話は、お互いの立場の違い、価値観や文化の相違、そして利害の違いを前提にした上で、何らかの解決策を作り出す議論の技法です。最初から、相手の意見に迎合してしまうのは、対話ではありません。また、相手を説き伏せて、自分の思い通りにする、あるいは、自分がひたすらしゃべり続けて、相手に話す機会を与えない、といった「パワープレー」の交渉戦術も、対話を目指す交渉ではありません。

交渉は、お互いが親しくなるため、微妙な話題に触れず、楽しい雰囲気を持続させるようなコミュニケーションではありません。交渉では、お互いの意見の違いや利害の相違、そして立場の違いを乗り越えて、何らかの合意を形成しなければなりませんので、会話だけでは合意できないのです。

ただし、交渉でも、最初の挨拶や、本題に入る前の雑談では、会話の要素が重要となります。交渉相手と食事をして、会話を促進すると、交渉場面での対立を和らげる効果があることも、日本では、「接待の効用」などとしてよく知られていることです。国際交渉でも、交渉相手との会食は、双方の対立を和らげる効果があるので、積極的に活用することもあります。

しかし、会話だけで交渉はできないのです。どれほど会話を続けていても、いずれは、お互いの主張や要求が交わされます。その段階でもまだ、意見の対立を避けようとすれば、問題をはぐらかして結論を先送りしようとしているのではないか、と誤解されてしまいます。

どこかで必ず立場や利害の対立に直面しなければならないからこそ、相手との意見や立場の相違を前提にした対話の技法を身につけることが重要なのです。この対話の技術を身につけていないと、たとえば、「その場の雰囲気を壊したくない」という理由から安易に譲歩する危険を冒すことになります。また、対話に慣れていないと、意見の対立に過剰に反応してしまい、次第に、感情的になってしまうという危険性があります。交渉相手を好き・嫌いで判断するようになり、交渉が暗礁に乗り上げるだけでなく、お互いの人間関係まで破壊してしまうことにもなるのです。交渉で必要とされる対話の技法を学ぶこと、それが交渉力をアップさせる秘訣なのです。

交渉学は、米国のハーバード・ロースクールで誕生しました。もともとは、法律家を養成する法科大学院で生まれた学問です。アメリカの弁護士の競争は、日本では考えられないほど激しいことで有名です。アメリカの司法試験は、合格者数の制限を設けていないため、毎年多くの弁護士が誕生します。彼らの中で熾烈な競争が繰り広げられます。そのため、法律の知識が豊富だというだけでは、差別化できず、成功できないのです。

その激しい競争を勝ち抜くためには、自分たちの問題解決能力をアップさせるしかありません。そこで、必要とされるのが、交渉による問題解決能力です。ハーバード・ロースクールのProgram On Negotiation（日本では交渉学研究所、といわれることもあります）では、法律家が直面する困難な問題を交渉によって解決するための方法論の研究に始まり、今では、様々な分野における交渉について研究が行われています。

私たちは、この交渉学の方法論について、研究を進めています。特に、私たちは、研究と実務の接点を得る機会を作り、交渉の実践例をヒアリングしてきました。それを理論的に分析し、本当に有益な教訓や方法論を導き出す作業を続けてきたのです。その中で、様々な交渉場面で応用可能な手法を見つけ出していきました。

この作業は現在も続いています。このような理論と実際の実務との接点を作り出していくことが交渉学研究のおもしろさなのです。今回、この本でご紹介する内容は、交渉学の一般的な方法論に加えて、社会心理学や様々な隣接領域の研究成果、そして私たちがヒアリングや調査によって分析した実際の交渉事例を取り入れました。本書を通じて、交渉を通じた問題解決への関心が高まり、交渉学が幅広く受け入れられることによって、現在、日本や世界が抱えている論争や紛争の解決に貢献することができればと思っています。

二〇一四年一月

田村　次朗
隅田　浩司

戦略的交渉入門――［目次］

第6章　最高の合意を作り出す交渉の進め方——175

第7章　対立を乗り越えて——コンフリクト・マネジメント——219

第1章　交渉を失敗させる三つの誤解・交渉を成功させる三つの原則

1　交渉はストレスである

私たちは、交渉することなしに生きていくことはできません。しかし、人間の悩みやストレスの原因は、対人関係から生まれるとさえいわれています。多くの人にとって、交渉は、面倒でやっかいなもの、できれば交渉せずに問題が解決できればいいと思っているものなのです。ましてビジネスでは、交渉の負担はさらに大きくなります。なぜなら、単に合意するだけでは済まされないからです。ビジネスの交渉では、自分たちの利益が最大限、合意に反映されているかどうかが問われます。譲歩するだけなら誰でもできますが、交渉できちんと成果を出すということになると、そのためには、かなりの戦略と工夫が必要となるわけです。

交渉前の不安感は誰もが同じ

たとえば、「交渉相手には、我々以外に別の取引先の候補がいるのだろうか」「大きな値引きの要求をされたらどうしよう」「いままでの取引関係を解消したいといわれたら、どうやって引き留めようか」など、交渉する前にはいろんなことが頭に浮かびます。また、「交渉の最中に相手が怒り出したらどうしよう」とか、「交渉が決裂したら社内でなんといわれるだろう」といった不安もつきものです。事実、交渉しているときよりも、その前のほうが、交渉に対する不安が大きいといわれています。交渉前には、あまり交渉のことを考えたくない、と思うのも無理もないことです。

集中力は消耗する

最近の研究では、交渉のようなコミュニケーションのストレスは、精神論で克服できるほど単純なものではないことがわかってきました。特に、人間の集中力・忍耐力は、ストレス状態では短時間で消耗してしまい、その結果として、意思決定の質は低下してしまうのです。そこで、最近の交渉学の研究では、常に神経をとがらせて集中し続けるよりも、重要なところにだけ集中力を振り向けるにはどうしたらよいか、を考えるようになっています。

人間の集中力のマネジメントに関心が向けられているのです（たとえば、ロイ・バウマイスター

『意志力の科学』インターシフト、２０１３年を参照）。特に交渉は、大きなストレスにさらされますので、集中力は消耗します。これは、精神論で片付けられるものではありません。そこで、この限られた集中力を温存する工夫が必要となります。交渉学では、交渉でいかに消耗せずに大事なところで集中力を発揮するか、そのための手法を生み出そうとしているのです。ではここで簡単にその基本的な考え方を紹介しましょう。

考えなくてもいいところはどこか

第一に、その場で考える負担を減らすことが大切です。すなわち、交渉前に最低限、必要な事実関係を整理しておくことが重要です。事前の状況把握のやり方については、第４章の事前準備の方法論で詳しく解説します。ここで大切なのは、本来調べればわかることを調べず、交渉の中で初めてその情報に触れるという事態を避けるということです。

なぜなら、人間は新しい情報を目にすると、その情報に目がいってしまい、ほかの情報を十分に吟味しなくなる傾向があるからです。交渉前に知り得るはずの情報を入手しておけば、交渉相手が提示する情報の中で、本当に注目すべき情報か、否か判断することが容易になります。交渉中に事実関係の整理をしながら、合意内容について考えるというのは、負担の大きな作業です。人間は、複雑なマルチタスクを行うとミスをしがちです。事前の簡単な準備で避けることができる負担を避けずに、過度なマルチタスクに追い込まれると、意思決定のクオリティは低下してしまいます。交渉現場で考える負担を減らし、マルチタスクをできるだけ少なくすることが重要なのです。

迷ったとき、どう決断するか

第二に、交渉の最中で迷ったときに、何をよりどころに決断するか、その決断を支える判断基準が大切です。これを私たちは、ミッションと呼んでいます。部品の調達交渉、海外進出のための事業提携交渉、そして特許のライセンス交渉など、交渉には様々な類型がありますが、すべての交渉には、その交渉を通じて何かを実現しなければならないという使命（ミッション）があるはずです。「なんのためにその交渉をするのか」「合意した結果、何を得ることができるのか」という問題に対する自分なりの答えを用意して交渉に臨みましょう。

しかし、一般には、このミッションを十分に考えず、「通常の業務だから交渉しているだけ」とか「とにかく売り込むことができればそれでOKなのだ」と簡単に考えている人が意外と多いのです。ミッションを真剣に考えることができないのであれば、交渉の主導権は相手のものです。交渉中、相手の条件提示に振り回され、最終的には、たいした利益も得られず、納得感も薄いものの、「合意できたからそれでよいか」などと自己満足して終わるという寂しい結果が待っています。このような結果を避けるためには、ミッションを中心に交渉をコントロールすることが重要なのです。

交渉相手の『揺さぶり』にあわてない

第三に、交渉相手は、あなたの期待通りに行動してはくれません。この当たり前の事実を認識しましょう。交渉学では、交渉相手の理不尽な要求への切り返し方、不愉快な態度への対応、さらには、交渉戦術や脅しのテクニックへの対処法についても学んでいきます。このような交渉戦術、心理的な揺さぶりには、一定のパターンがあります。このパターンを事前に知っておくと、交渉中に冷静な対応が可能になるのです。このような予備知識がないと、相手の態度や言動に振り回され、その都度、感情的になったり、ムキになって反論しようとしてしまい、自分の集中力を消耗してしまうのです。最後には、疲れ果てて、どうでもよくなってしまい、安易な譲歩に応じたり、交渉相手を許すことができず、交渉を決裂させて終わりにする、という結果につながります。

図1　交渉に『勝利』はあるのか

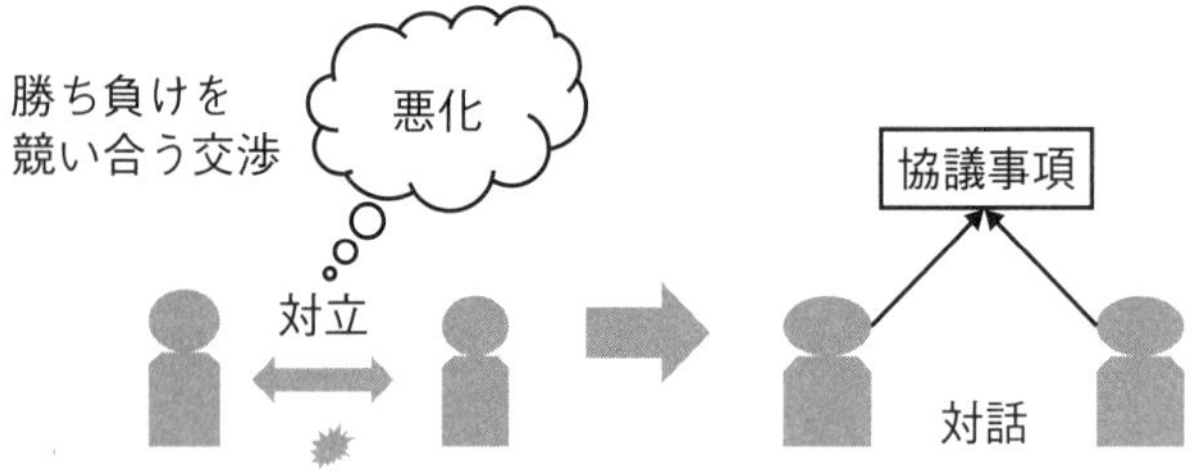

2　発想の転換――交渉に対する三つの誤解

誤解その1――交渉は勝ち負けという誤解

交渉が終わった後、「今日の交渉は勝ったかな」とか、「今日は相手にやられてしまったかな（負けてしまった）」と思ったことはありませんか。このような感想を持ってしまうのは、交渉をゼロサムゲーム（参加者全員の利得を足し合わせるとゼロになる、つまり誰かが得をするとその分誰かが損をするゲーム）、だと思い込んでいるからなのです。確かに、交渉は一種の知的なゲームです。しかし、すべての交渉がゼロサムゲームというわけではありません。

交渉は、そう簡単に白黒つけられるようなものではありません。たとえば、サッカーや野球といったスポーツであれば、勝ち負けは簡単に決めることができます。点数をより多くとった方が勝ち、

図２　賢明な合意

正当な要望の充足	利害の公平な調整
合意の持続性	社会全体の利益

ロジャー・フィッシャー他著『新版ハーバード流交渉術』（阪急コミュニケーションズ 1998）６頁

という明確な基準があるからです。しかしビジネス交渉に、そのような明確な勝敗の基準はありません。厳しい言い方をすると、交渉を、勝った、負けたと評価しようとするのは、言い換えれば、「勝ったつもり」になりたいと思っているだけか、交渉結果に自信がないので「負けたかもしれない」と不安を感じているにすぎないのです。

賢明な合意とは

交渉学では、交渉結果については、最終的に「賢明な合意」ができているか否か、という基準で判断します。賢明な合意とは、「当事者双方の正当な要望を可能な限り満足させ、対立する利害を公平に調整し、時間がたっても効力を失わず、また社会全体の利益を考慮に入れた解決」（ロジャー・フィッシャー他著『新版　ハーバード流交渉術』阪急コミュニケーションズ、１９９８年、６頁）を意味します。

自分の利益が最大限、反映されていることが賢明な合意の第一条件です。交渉をゼロサムゲームだと思い込んでいる人は、「自分の利益の最大化」イコール「相手の利益を奪い取ること」であると考えてしまいます。

しかし交渉では、まず自分の利益は主張しつつも、相手に対しても何らかのメリットを提示することが可能です。交渉の基本原則はギブ＆テイク、すなわち、応報（reciprocity）の原則が支配します。贈り物にはお返しする、というのは人間の文化の本質でもあるのです。

したがって、交渉において賢明な合意を目指すのであれば、相手の利益に資する提案を我々が与えない限り（ギブ）、相手から利益を引き出す（テイク）ことができないと考えるべきなのです。自分の利益を最大化したい、しかし交渉相手も同じことを考えている、したがって、お互いが納得するためには、相手にもメリットがなければ合意はできない、と考えるのです。

交渉を勝った、負けたと評価するのは、ほとんど意味がないのです。それよりも、自分の利益を最大化できたか否か、そしてこの交渉で相手の利益はどこまで反映されているか、それによって、合意は持続可能なものになっているのか、に焦点を合わせることが、交渉の成功確率を引き上げるのです。

「落としどころ」さがしのリスク

「落としどころ」という言葉が、交渉ではよく出てきます。「今日の交渉の落としどころは何

図３　「落としどころ」のリスク

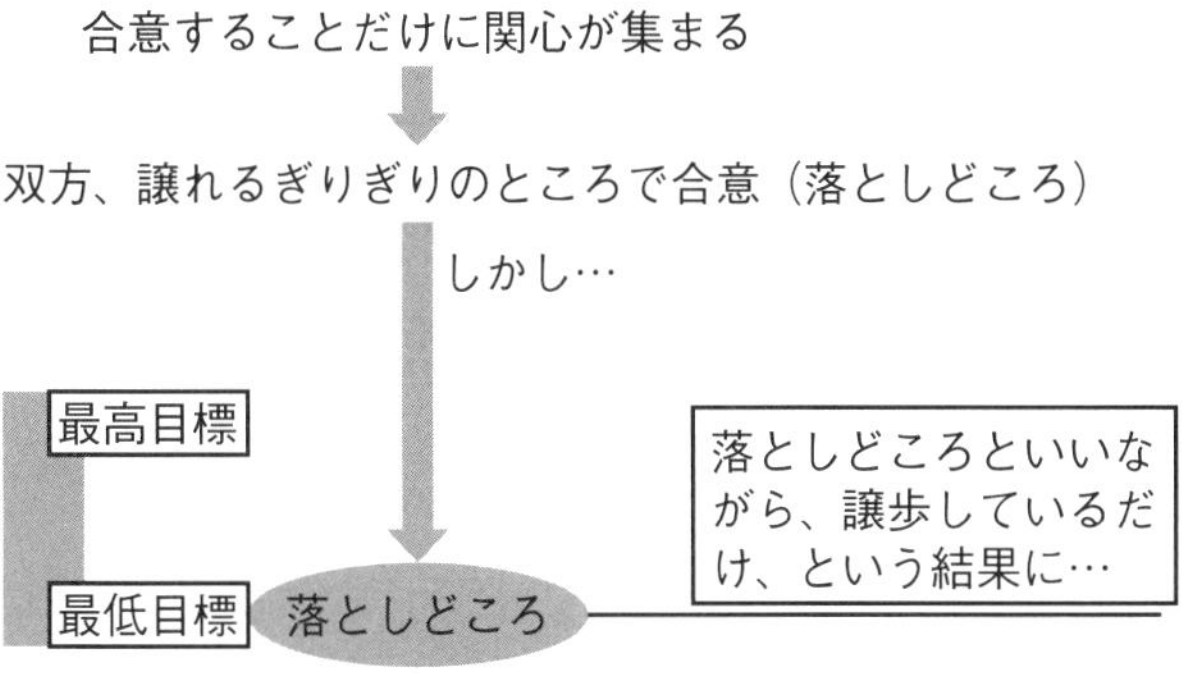
合意することだけに関心が集まる
双方、譲れるぎりぎりのところで合意（落としどころ）
しかし…
最高目標
最低目標
落としどころ
落としどころといいながら、譲歩しているだけ、という結果に…

か」を考えて交渉しなさい、というアドバイスもあります。しかし、この「落としどころ」という普段使い慣れている言葉にも注意が必要です。この言葉を何気なく使っているときに、本当は何を考えているのかを分析してみると、意外な落とし穴があります。

　たとえば、「落としどころ」という言葉を聞くと、自分の目標を落とす、すなわち譲歩することをイメージしがちです。最初から、落としどころを探してもいいと思ってしまった段階で「今日は、譲歩してもかまわない」、あるいは「交渉では、譲歩以外に選択肢がない」と思い込んでしまう危険性があるのです。

「落としどころ」という言葉を使う人の中に時折見られる傾向なのですが、たとえば、「この取引先の部長は、ちょっと値引きすると喜んでくれるので、値引きするしかない、これ以外に方法はない」と考えてしまいがちです。しかし、交渉のプロセスや合意結果に唯一の正解はないのです。「落としどころ」として、値引きして譲歩する以外に道はないと考えることで、自分で、合意の幅を狭くしてしまっているのです。

「落としどころ」という言葉それ自体が持つ、落としていく、すなわち譲歩していくというイメージを我々はメタファーと呼ぶことがあります。交渉では、本来考慮してはいけないメタファーに引きずられて意思決定をしてしまうと自分に不利な状況を作り出してしまうのです。

ちなみに、「落としどころ」という言葉を使い慣れてしまうと、合意だけはすぐにできるものの、今ひとつ結果が出ない、という状況に陥ります。うまく合意したと思っていても、後になって、「全然、利益が生み出せない」という結果に陥ってしまいます。売り上げはあるのに利益が出ない、といった状況です。

これを避けるために、交渉学では、ミッションを重視した交渉を行うだけでなく、合意することを最優先に考え、譲歩してでも話をまとめることを評価してしまうという「合意のバイアス」から脱却することを推奨します。特に、後述する二分法のわなに注意することが重要となるのです。

誤解その2――準備は無駄、という誤解

交渉学では、交渉前に準備することが成功への近道であると説明します。準備で八割方成功するとも言うので、準備することが交渉学の唯一の教えだ、と思われるくらいです。

しかし、実際に日本の多くの交渉者は、ほとんど準備をしないで交渉に行く傾向があります。また交渉を依頼する際にも、その内容がきわめて曖昧であるという問題も多く見受けられます。確かに、細かいことまで部下に指示をすると、交渉中に臨機応変に対応することができなくなるという不安もあるので、すべて細かく指示をするのも得策ではありません。

しかし、部下に交渉を依頼する際には、適切な指示を与える必要があります。そこで、正確な事前準備が必要となるのです。準備の方法論がわかっていないと、その指示が曖昧になってしまいます。このようなとき、もし、「とりあえず」という言葉が出てきたときは要注意です。「とりあえず」はメニューのオーダーぐらいにしておきましょう。たとえば、「金額については、とりあえず先方の意見を聞いてから判断する」とか、「とりあえず、相手の腹を探ってきてほしい」といった曖昧な指示は、一見まともな交渉の指示のように見えて、実はかなり問題があります。部下に交渉を依頼する際には、第4章で詳しく説明する事前準備の方法論が示す5つの要素、①状況把握の共有化、②ミッションの共有、③強みの把握と④ターゲティング、そし

て、⑤ＢＡＴＮＡ（後述しますが、合意が成立しなかった場合の代替案のこと）を共有する必要があるのです。現場での柔軟性を高めるためにこそ、準備が必要となるのです。

誤解その３――Ｗｉｎ－Ｗｉｎ交渉を目指すのが交渉学だ、という誤解

交渉学の研究者の中で、故ロジャー・フィッシャー氏の名前を知らない人はいません。彼はハーバード・ロースクールの教授であり、交渉学という分野を開拓し、普及させたいわば交渉学の創始者です。このフィッシャー氏の有名な本 *Getting to Yes*（Roger Fisher, William L. Ury, Bruce Patton, *Getting to Yes: Negotiating Agreement Without Giving In*, Penguin Books; Revised（2011）、邦訳では、ロジャー・フィッシャー、ウィリアム・ユーリー『ハーバード流交渉術　必ず「望む結果」を引き出せる！』三笠書房、２０１１年）は、いまでもベストセラーに名を連ねています。

机上の空論か

しかし、このフィッシャー氏の交渉学のスタイルには批判もあります。その批判の中で最も多いものが、「交渉学は机上の空論である」「Ｗｉｎ－Ｗｉｎ、つまり相手にとっても自分にとっても得な合意などあり得ない」という批判です。この批判は、必ずしも妥当ではありません。それは、Ｗｉｎ－Ｗｉｎという言葉のとらえかたに問題があるからなのです。

確かに、様々な実際の交渉例を分析していくと、双方が１００％満足できているような交渉

図４　「Win-Win」に酔わないこと

交渉に失敗しやすいタイプ
Win-Winの中身よりも、その言葉に酔ってしまうタイプ

失敗パターン
①Win-Winといわれる提案にだまされる
②Win-Winな解決策を正解と思い込む

是非、
Win-Winを
考えて、譲って
くださいよ。
はい、
わかりました。

結果を目にすることはほとんどありません。大半の合意は妥協や譲歩の産物と言ってもいいものばかりですし、お互いの不満が完全に解消されているわけでもないのです。しかし、フィッシャー氏の提唱する、「賢明な合意」（Wise Agreement）に近づこうとする努力、すなわち、お互い１００％満足するＷｉｎ－Ｗｉｎな合意ではなく、お互いの正当な要望をできる限り反映させようとする努力をしている交渉と、単に駆け引きで終わっている交渉の差の大きさだけははっきりとしています。交渉学が提唱しているのは、短絡的な駆け引きや譲歩に陥ることなく、お互いがより満足できる合意の可能性を探すために必要な方法論なのです。いつも笑顔を浮かべながら、お互いのことを尊重し、そしてすばらしい合意のための建設的な

提案が次々登場して、最後は、理想的な合意に達するといった夢物語を語っているわけではありません。

「Ｗｉｎ－Ｗｉｎ交渉などあり得ない」という批判それ自体が、ある種のレトリックに陥っているともいえます。相手の意見を意図的に拡大解釈したり、言葉の一部をとって、それをその意見のすべてであるかのように批判するという議論の仕方を、「わら人形」（Straw man）のレトリックといいます。このようなレトリックに陥って、交渉学の方法論を使わないのは、非常にもったいないことだと思います。

交渉学が提唱する方法論は、合意の質をできるだけ引き上げるという考え方です。Ｗｉｎ－Ｗｉｎかどうかといった曖昧な言葉でごまかすのではなく、自分たちの利益がどの程度反映できたかどうか、それを具体的に評価すべきなのです。

なお、現在の交渉学では、交渉の中で合意しないことも賢明な選択のひとつになることを、かなり強調するようになりました。また、Ｗｉｎ－Ｗｉｎな合意という言葉も誤解を招くのであまり使いません。

自分の利益の最大化

そしてもう一つ大事なことは、ビジネスにおける交渉では、なんといっても自分の利益の最大化が最重要課題だ、ということです。しかし、交渉相手も同じように考えていたらどうなるでしょう。お互いが立場をぶつけ合って、どちらが強いか、弱いかを競っているだけでは、相手があきらめるまで徹底して戦うか、こちらが譲るかというやりかたしかなく、次第にデッドロックに陥ってしまいます。もし、それ以外の他の方法を使うことで、お互いの利益を反映した合意が作れるのであれば、それを選択すべきではないか、そして交渉学はそのやり方を提案したい、ということなのです。もちろん、お互いの利益を反映させる合意であっても、そこにできるだけ自分の利益を反映させていく工夫が必要です。そのためには多少の駆け引きや、心理戦術も必要となります。これが交渉学の基本的な考え方なのです。

3　交渉を成功に導く三つの原則

第一の原則――大事なところは、論理的に

提案には突き詰めれば二種類ある

ビジネス交渉に限らず、あらゆる交渉における提案や条件は、究極的には、相手に何かをしてもらうか（行動要求型）と、相手がしていることをやめてもらうか（中止要求型）に分ける

ことができます。このような枠組みで考えると、相手が行動するメリットは何か、相手がその行為をやめなければいけないのはなぜか、という理由が常にセットになって交渉に登場することになるわけです。このとき、その理由は合理的か、ということを見分けることができる思考力が求められます。論理的思考力、あるいは相手の提案のメリット・デメリットを批判的に見抜く力が求められるわけです。

その合意にメリットはあるのか

特に、ビジネスの場合は、その合意からどのような利益が生まれるのか、明確なビジネスモデルが作られていなければなりません。ある条件に、どのようなメリット、デメリットがあるのか、どのようなリスクがあるのか、ということを曖昧にすることは許されないのです。

もちろん、交渉結果の成否は、未来のことですから、現時点ではわからないことがあり、確実なことははっきり見えてこないものです。ここでは現時点で、どのような理由でその条件を作ったのか、ということを明確化しておくことが重要です。その理由がはっきりしていると、状況の変化に対して柔軟に対応することができるようになります。

その場の雰囲気に流されない

交渉では、論理よりもその場の雰囲気に流されやすくなる傾向があります。これを、私たちは、「合理性からの離脱」と呼ぶことがあります。たとえば、合理性の離脱は、次のような場合に生じやすくなります。

第一に、「決まり文句」によって自動思考に陥るという危険性です。例を挙げると、「損して得取れ」「今後のよいおつきあい」、そして先ほど取り上げた「落としどころ」といった単語が、交渉相手の提案の中に織り込まれてくると、ついその言葉に反応してしまいます。

このような交渉の決まり文句の困ったところは、たとえば交渉相手に対して、「いま、おっしゃった、『今後のよいおつきあい』とはどういうことですか」と聞くわけにもいかず、その言葉に引きずられてしまうことです。人間のコミュニケーションは、社会常識や決まり文句によってその大半が支配されています。そのため、この種の決まり文句が出てくると、深い意味を尋ねることなく、その言葉を前提に曖昧な会話が続いてしまう危険性があるのです。これ以外にも、のちほど登場するヒューリスティクスのような人間の心理のバイアスや、じっくり考えることよりも近道をして深く考えるのを避けるような思考法も、思考停止による条件反射的な対応を生み出しやすくなるので注意が必要です。

詭弁に要注意

第二に、的外れな不規則発言です。たとえば、知的財産権のトラブルの現場で、当事者が細かい技術の内容について双方の言い分を主張しているときに、あまり細かい技術に詳しくない人間が、双方の言い争いだけを問題にして、「くだらない言い争いはやめろ」と言い始めたらどうでしょうか。このように細かい議論について双方が対立していたとしても、それが「言い争い」かどうかは判断が難しいところです。しかし一言、あなた方の発言は「言い争い」にすぎない、というレッテルを貼ることによって、その議論の継続を封じてしまうような場合、それ以上議論が続けられなくなります。

不適切なラベリング

これは、いわゆる不適切なラベリングといわれるものの典型例です。日本の会議では、この種の不適切なラベリングが非常に多く、建設的な議論の対立を安易に封じてしまったりします。この種の不適切なラベリングの例としては、細かいサービスの条件について話し合っているのに、突然、「そんな細かいことよりも、お客様の声を大切にすべきだ」とか、会社の方針について議論しているときに、「そんな大上段な議論をしている暇があれば、売り上げアップを考えるべきだ」といった文脈を無視した議論があげられます。論理的に説明しようとすると、「所詮、理屈に過ぎない」とか、「ロジックとしてはすごいですね」といった、発言内容とは何の関係もないコメントをして、「交渉相手をやりこめたぞ！」とばかりに自己満足している交渉相手も少なくありません。そして、このような発言をされてしまうと、つい、我々は一瞬、ひるんでしまいます。特に、この種の不適切なラベリングに弱い、というのが交渉の初心者の特徴です。

相手の議論の詳細を聞かず、我々が丁寧な説明をしているにもかかわらず、「まあまあ、そう興奮しないで」とか、「難しい話はよくわからないのでね」といったかたちでこちらの話を唐突にさえぎってしまうという詭弁もあります。また、「そんな言い訳をするなんて、あなたはそれでもプロですか」とか、「立て板に水、といった感じで、すばらしい説明ですね、いつも優秀だといわれるでしょう」など、こちらの話の腰を折って、勢いを封じるレトリックが登場します。どうすれば、このような状況を打開できるのでしょうか。

一言で言えば、不適切なラベリングは、無視してかまいません。いちいち、それに対して、反論したり、そのラベリング自体を話題にしてはいけません。なるべく無視して、そのまま話を続けることです。この種のレトリックや詭弁に対する適切な対処法は、まともに取り合わないことなのです。

「合意したい」という思いを悪用される

第三に、希望的観測です。相手の提案に一抹の不安を感じながらも、合意したいという思いを抑えることができないとき、私たちは、相手の一言にすがりたくなります。交渉相手が大丈夫だと言っている、とか、ここは重要ではないと相手が言っている、というように、自分で判断することを回避して、相手の言葉に頼ろうとするわけです。人間の意思決定は、すべての選択肢を数値化して、最善の選択肢をするというような形では行われないのです。はじめから結論ありきで、それを後押しする一言がほしい、というタイプの意思決定は非常に多いのです。少なくとも、私たちは、自分たちの意思決定のよりどころが、この曖昧な交渉相手の一言に依存することがないように最後まで、合理的な判断を手放さないことが重要です。

何でも引き受けるタイプの危険性

第四に、特に優秀な人に多くみられるものとして「とりあえず合意して、条件変更については、私が内部で処理すればいい」と考えてしまう傾向があります。自分の優秀さへの過信と、交渉相手に対して自分をよく見せたいという自己顕示欲があいまって、安易に自社の社内調整を引き受けてしまうのです。

そして、当事者はこのことに気づかないことが多いのです。交渉現場では、お互いの思惑や、どちらが主導権を握るかという駆け引き、そして自分がいかに優れているかを証明したいといった欲求や、相手に認めてもらいたいという承認欲求が相まって、外から見ているとびっくり

図5　自分で抱え込まない

失敗パターン
①しなくてもいい約束をして後で苦しむ
②相手の要求に即座に応じがち

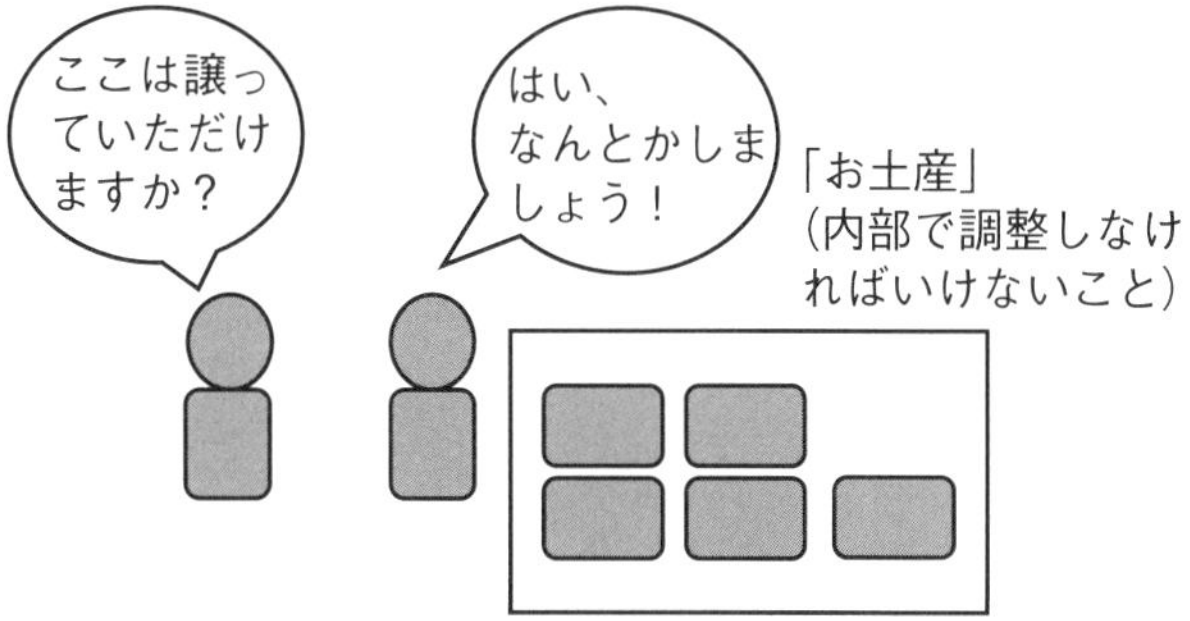
ここは譲っていただけますか？
はい、なんとかしましょう！
「お土産」
(内部で調整しなければいけないこと)

するような約束が形成されていくことがあります。

自分自身が交渉中は、冷静さを欠く場合があるのだということを理解し、それを受け入れると、交渉力は確実に増していくことになります。

第二の原則——交渉の前の下ごしらえ（事前準備の方法論）

敵を知り、己を知る

交渉に自信のある人は、その場で対応することを重視する傾向があります。準備することでかえって、「先入観を持ってしまうのではないか」と考えてしまい、先入観を持つくらいなら、あえてまっさらな状態で交渉すべきだ、と考える人もいます。そこで最小限、見積書などの準備はするものの、交渉の具体的な戦略や、目標設定をおざなりにしてしまうのです。

相手に振り回される危険性

しかし、交渉前の準備を軽視すると、次のような致命的なミスを犯します。第一に、交渉相手と自分を強いか、弱いかといったパワープレーの図式でとらえ、せっかくの合意のチャンスを逃してしまうというミスです。事前の交渉戦略が十分ではないと、交渉前に不安が高まります。不安を解消するために、自分が有利だと思えるような材料だけを重視します。そして、交渉相手と自分との関係を強い、弱いという関係でとらえ、自分を強いと思い込むか、強いと見せかけようとするパワープレーの戦術に頼るのです。この弱いか強いか、という二分法が頭を支配すると、交渉相手の発言を誤解したり、自分の主張だけを繰り返してしまい、結局、交渉相手との合意のチャンスを逃してしまうのです。

知ったかぶりは禁物

第二に、交渉で話が込み入ってきたとき、準備不足の人は、交渉の要点の把握が難しくなるので、何でも単純化したくなります。必要以上に、「要するに」といった表現が増えてくると要注意です。物事をシンプルにとらえるのはとても大切なのですが、短絡的に単純化すべきではありません。また準備不足だと交渉相手の提案に対する理解が不足しますから、何を質問したらいいのか、わからなくなります。準備不足の場合、相手にそれを悟られないように「知ったかぶり」をするというリスクもあります。このように準備不足によって、交渉に対する理解不足という状況に陥り、不必要な譲歩や、詰めの甘い合意をしてしまうのです。

不安の餌食になる

また、交渉前の準備をしていないと、どれほど交渉経験が豊富であっても、不安になります。その不安がもたらす影響も考慮しなければなりません。不安を感じると、相手を警戒するようになります。そのため、相手の行動や態度すべてが気になって仕方がないという状況になるのです。準備不足なので、現場での相手の対応以外に、自分の交渉がうまくいっているのか否か判断ができなくなってくるため、交渉相手の微妙な対応に過剰に反応してしまいます。

このような状態で交渉に臨むと、その場の雰囲気や相手の提案に右往左往し、最終的に、相手の思うつぼになります。相手の些細なしぐさを見て、過剰にその意図を探ろうとしたり、相手が感情的になると慌てたり、あるいは逆に、こちらも感情的に相手を批判してしまったりと、常に交渉相手の出方に対して反応するというかたち、すなわち後手に回るのです。このような状態に陥ると、交渉相手を冷静に分析することができなくなり、交渉相手の提案を、過大評価したり、逆に過小評価したりしてしまいます。

日本人の美徳につけこまれるな

特に、日本人は、交渉相手が時折見せる交渉中の態度、特に、怒りや不満の表明、さらにこちら側の提案に対するあからさまな不同意、不快感の表明に非常に弱いといわれています。このようなとき多くの人は、この気まずい雰囲気から一刻でも早く抜け出したいと思うのです。そのとき、相手の機嫌をとるような譲歩をするという致命的な過ちを犯してしまいます。

「交渉＝ゲーム」という感覚

実際にヒアリングをしてみると、日本企業の担当者は、海外での取引に際して、どれほど長い継続的な関係のある企業であっても、時折、相手が怒り出すとか、不快感をあらわにして譲歩を迫るといった心理戦術に直面するといいます。海外では、継続的な関係にあったとしても、時々、ゲーム感覚で、交渉相手に揺さぶりをかけることがあるのです。相手があわてて譲歩するかどうかを試している、ともいえます。あまり感心しないやり方でありますが、私たちはその犠牲になってはいけません。

中身に集中せよ

このような交渉相手に対する対処法としては、十分な準備の結果、持ち込んだ条件については自信を持って提案し、相手の表面的な態度ではなく、相手の発言に注目するといいでしょう。

交渉では、相手の言語以外のメッセージもちろん重要です。しかし交渉の場合、非言語のメッセージ以上に、相手が何を発言したかに着目する方が効果的です。ちなみに交渉相手の表情から、相手の意図、特に嘘を見抜いたり、何を感じているかを判断するという研究（表情分析）があります（ポール・エクマン『顔は口ほどに嘘をつく』河出書房新社、２００６年）。この手法は犯罪捜査などでも活用されており、確かに有効です。しかし、表情を読み取るためには、相当なトレーニングが必要です。ちょっと練習してみたという程度ではなかなか身につかないものなのです。

交渉で結果を出す、ということに焦点を絞るのであれば、交渉相手の表面的な態度にではなく、何を言っているかということに注意深く自分の集中力を傾ける方が合理的です。感情的な揺さぶりへの対処法としては、たとえば、相手が急に態度を豹変させて怒り出したときでも相手をなだめようとしない、さらに、相手をなだめるために譲歩しない、と決めておくとよいでしょう。現時点の研究成果から見ると、このやり方が一番簡単であり、そして最も効果的な解決法だといえます。

「合意したからすべてよし」で済まされない

最後に、準備不足の場合は、合意に対する事後評価が甘くなる、という問題があります。準備せずに交渉をすると、とりあえず合意がまとまれば成功したことになります。そもそも事前の目標がないのですから、「合意すればすべてよし」というわけです。交渉の成功と失敗を分ける基準が、合意したか否かになってしまうため、「ほかにもっとよい合意の形はなかったのか」とか、「この条件で合意して本当によかったのか」というところを反省する気分ではなくなります。「合意したのだから、いいじゃないか」という一言で片付けてしまうわけです。

準備のない交渉の後で、合意内容を振り返ったとしても、ほとんど得るところはないのです。もし準備して交渉に臨んだ場合、合意内容と準備した目標との差が出てきます。そのとき、その差が気になりますね。そこで、なぜこのような差になったのだろう、と自問自答することになるわけです。これによって自分の交渉結果を振り返ることができます。この結果として、「次の戦略はどうすればいいか」とか、「今後交渉のスキルアップを目指すためにどのような準備をすべきか」という反省点が浮かび上がってくるわけです。実は、私たちが、交渉学の研修や授業を行うとき、最も重視しているのが、この準備と交渉、そして結果のフィードバックを一気に行うことができる模擬交渉（Role Simulation）による学習です。研修では、短時間で一気に教育効果を作り出すために、密度の濃い模擬交渉とフィードバックを行うことで、交渉スキルを身につけさせることを目指します。日常の交渉でも、準備、交渉そして事後評価（フイードバック）を繰り返すことでかなりの学習効果が得られます。

第三の原則――利益に焦点を合わせる

交渉をコントロールし続ける

交渉に際して、多くの人が見逃している二つのポイントがあります。第一に、裁判のように第三者に問題解決をゆだねることは、自分自身が問題解決するよりもリスクがあるということ、第二に、交渉で正義を振りかざしたとしても、相手が降参するわけではないのだ、ということです。

交渉のケーススタディの調査をしていて、知的財産権、特に特許に関する紛争事例をみていくと、実際の紛争例の多くが、交渉による和解などで解決されていることがわかります。最初に私たちが調査したときには、これは新鮮な驚きでした。なぜなら、特許紛争の場合、現在でも世界中の企業がアメリカや欧州そして日本の裁判所で激しい戦いを繰り広げています。裁判では、弁護士たちが、文字通り必死で戦っているのです。

他人に解決を任せるリスク

しかし、実際に裁判になったとしても、大半の事件は和解で解決しているのです。この要因にはいくつかあるのですが、一つ重要な事実は、裁判の場合、最後の判断は裁判官（アメリカでは陪審員も関与しますのでさらに複雑になります）が行うのだということです。裁判官は、公正で中立な立場かもしれませんが、自分たちの主張をどの程度認めてくれるかは、裁判官の頭の中の判断に任せるしかありません。裁判の結末は、ある程度予想はできるものの、どんでん返しや期待外れな結果に終わってしまうことも少なくありません。たとえば、「ほぼ勝訴するだろう」と思っていても敗訴だったり、勝訴はしたものの、損害賠償額が大きく減額されてしまっていたりといったことはよくあります。これが紛争解決を外部にゆだねたときのリスクなのです。

これに対して、交渉当事者ですべて決めることができるほうが、はるかに柔軟で、合意内容をコントロールすることが可能になります。自分たちの運命を手放さず、最後まで合意内容をコントロール可能にするためには、第三者の裁定は最後の手段であることを認識すべきなのです。

交渉は、何が正義かを決めるところではない

次に、交渉の中で、自分の正しさを証明することに躍起になる人がいます。自分たちがいかに正当かということだけを強硬に主張し、それ故に相手は誤りを認めるべきだというスタイルです。しかし、相手も同じように自分の正当性を疑わない場合、合意することは不可能です。

水戸黄門というテレビの時代劇ドラマは、最後に印籠を見せると、悪役がみんなひれ伏して

その非を認める、というストーリーでした。しかし正義の味方が最後に登場し、悪人も最後には観念するというのは、ドラマの世界だけの話で、現実にはあまりあり得ない想定です。

実は、ビジネスに限らず、一般に世の中の交渉では、正しい・間違っているというタイプの二分法的な主張や、自分の正しさを証明したいという欲求が、交渉を最悪の方向に導いてしまいます。このやりかたでは、何も結果を生み出さないのです。

利益と損失にフォーカス

私たちは、現在交渉によって解決しようという問題をこれ以上悪化させて、損失が大きくなることは本来、望んでいないはずです。損失の拡大を防ぎ、合意によって損失を最小化する、すなわち、利益と損失に焦点を合わせた方がはるかに効果的な合意が形成できます。もちろん、その過程においては、自己の正当性を主張したり、正論を声高に述べて、相手と激論になること自体はありうることです。

正義を振りかざしても相手は屈服しない

しかし、「正論だから受け入れるべきだ」という思いだけで交渉しても、結果はついてきません。これはプロフェッショナル、すなわち特定の専門領域での知識が豊富な人、いわゆる専門家といわれている人は、特に気をつける必要があります。なぜなら、専門家は「この問題に関して、私はプロなのだから私の主張が正当であり、相手は間違っている」という思いを抱くことが多いからです。このような専門家の視点が交渉にマイナスの影響を与えます。弁護士が依頼人の主張を十分聞かなければ、適切な助言ができないのと同様に、自分がある分野の専門家であるという場合は、特に正しい・間違っているという二分法のバイアスに注意して、相手の言い分をよくかみしめるように聞くこと、そしてすぐに相手を責める前に相手の言い分を理解するための質問をする姿勢を持つべきです。

交渉とは、自分の利益の最大化を目指すゲームです。しかし、そのために相手にも何らかの利益を提供しないと、持続性のある合意を作ることができないのです。だからこそ、相手の利益にも配慮した交渉の選択肢を準備する必要があります。自分の利益を最大限反映した合意にしたいのであれば、逆説的ですが、自分の提案が相手にどのような利益があるのかをきちんと説明することが重要なのです。

第2章　感情と心理バイアス、そして合理性

1　二分法のわな

次の会話を見てください。

A社の鈴木さん「ところで価格ですが、お見積りから10%値引きしていただけますか？」
B社の佐藤さん「では5%ではどうですか？」
A社の鈴木さん「いやいや、もうちょっとがんばってくださいよ。御社とは今後のお取引のことも考えておりますので、ぜひお願いします」

よくありそうな会話ですね。ところで、B社の佐藤さんは、値引きをしています。そのとき彼は、こんなことを考えていたとしましょう。

B社の佐藤さんの頭の中…（うわぁ、いきなり10％ディスカウントか。値引きはしないという約束で、もうすでに随分相手に譲歩したのに、ひどいな。でも合意しないと大変だし、まあ相手も将来の取引も考えてくれるみたいだから、値引きしちゃおう。でも、10％はない。じゃあ5％くらいから交渉しよう）

このような会話例を見ながら、交渉において論理と駆け引きとの関係を見ていきましょう。いきなりの値引き要求に対して、B社の佐藤さんは、あわてて駆け引きを始めました。佐藤さんの問題点はなんでしょうか。

このB社の佐藤さんのような発想に陥ってしまっている状態のことを、「二分法のわな」と呼びます。二分法のわなは回避すべきものです。まず佐藤さんは、10％の値引きを提案される前に、すでにかなり譲歩しています。簡単に値引きに応じれば利益はどんどん失われていくことになります。さらに、交渉相手が将来の取引を匂わせている言葉を簡単に信じて、それを拠

図6　アンカリングに要注意

定義　アンカリング（Anchoring）

根拠なく相手の提示した数値や条件を規定値にして、それに基づいて判断する心理傾向。

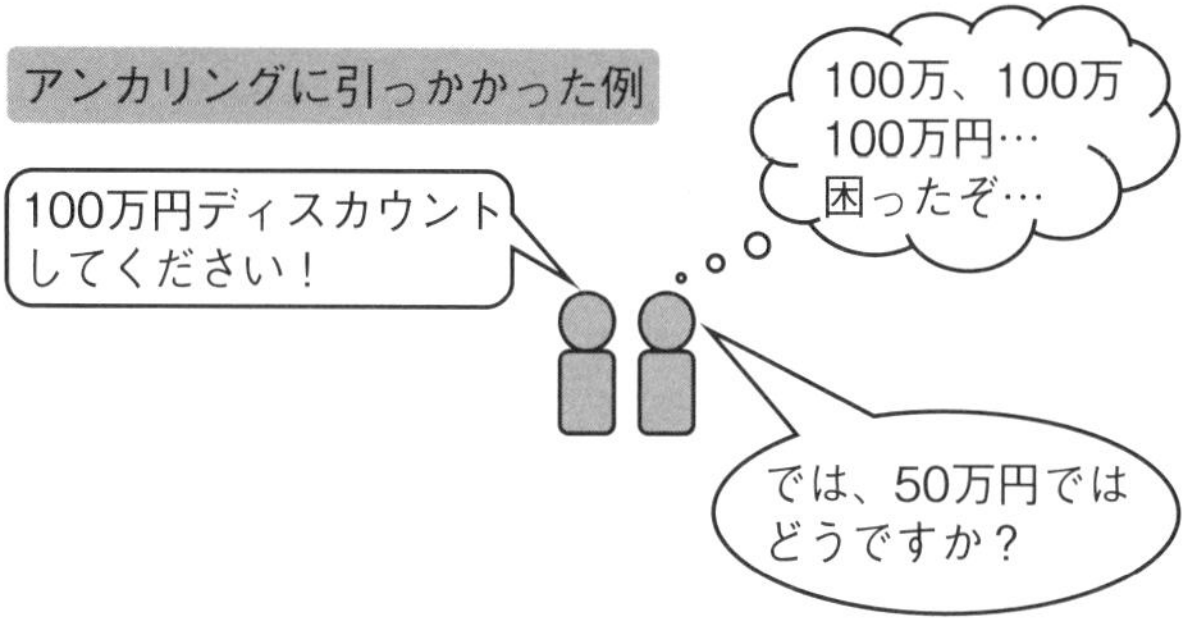
アンカリングに引っかかった例
100万円ディスカウントしてください！
100万、100万
100万円…
困ったぞ…
では、50万円ではどうですか？

り所に譲歩してしまっています。しかし相手の発言は、単なる値引きを引き出すための甘い誘いで、本当は将来の取引など何も考えていないかもしれないのです。このような理由で譲歩することは合理的ではありません。

2　アンカリングに引っかかっている

さらに、B社の佐藤さんは、交渉学で最も有名な心理バイアスの一つである「アンカリング」に引っかかっています。アンカリング（Anchoring）とは、「最初に見た数値や情報が印象に残り、それが基準点（アンカー）となって、その後の判断が左右される心理現象」（リー・コールドウェル『価格の心理学　なぜ、カフェのコーヒーは「高い」と思わないのか?』日本実業出版社、2013年、53頁)のことです。アンカーとは、船の碇のことです。船が碇を降ろすとそこから動けなくなる、ということにたとえて、相手の提示した数値に拘束されてしまって身動きが取れなくなっている状態のことを指す言葉です。アンカリングに引っかかってしまうと、相手に主導権を取られてしまいます。この例では、B社の佐藤さんは、A社の鈴木さんに言われた10%という数値にアンカリングされてしまい、10%を前提にして、5%値引きを提案してしまっています。完全にA社の鈴木さんの思うつぼ、というわけです。

3 立証責任

相手に立証させよ

ちなみに法律では、ある要求や主張を裁判所に認めてもらうためには、その主張の根拠を立証する責任があります。立証に失敗した場合は、その主張は認められないという考え方を立証責任(証明責任)といいます。この立証責任という概念は裁判では極めて重要です。そして実は、交渉も同じなのです。私たちは、根拠の説明がない要求は拒否して構わない、相手が立証

図７　二分法のわなから抜け出す

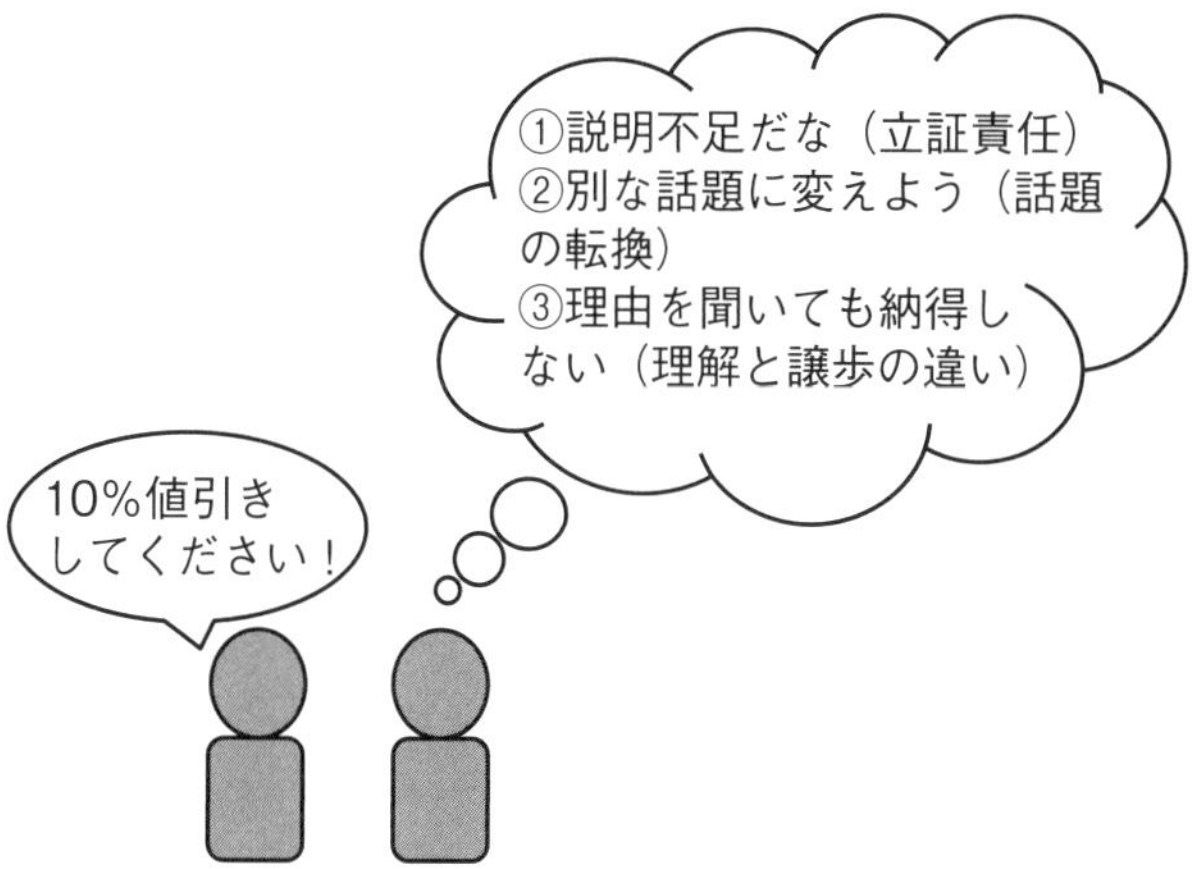
①説明不足だな（立証責任）
②別な話題に変えよう（話題の転換）
③理由を聞いても納得しない（理解と譲歩の違い）
10％値引きしてください！

責任を尽くすまでその要求は無視して構わないのです。したがって、相手の主張の根拠や背景事情は、聞いてもいいのではなく、必ず聞くべきなのです。

まともに答えなくてもいい

場合によっては、交渉相手が要求するだけでなく、こちらに質問してくる場合もあります。人間は質問されると、答えなければならないと感じます。しかし、その質問の趣旨がよくわからない場合や、その質問に答えると自分が不利になりそうだと感じたときは、相手の質問に対して、質問で切り返しても問題にはなりません。交渉相手の曖昧な主張や要求をまずブロックすることによって、交渉全体を有利に展開することができるようになります。

このとき、一つよいヒントがあります。相手の主張や要求が出されたとき、「交渉相手は、理由を説明しただろうか?」と、自分の中で考えてみることです。この説明がない場合は、相手の立証不十分ということになります。したがって、即答する必要はないのです。

「なんとなく」納得するな

人間というものは、理由がついていると簡単に納得してしまうという性質があるようです。エレン・ランガーの研究によると（Langer, E., Blank, A., & Chanowitz,B.（1978）The mindlessness of ostensibly thoughtful action:The role of "placebic" information in interpersonal interaction. *Jounral of Personality and Social Phychology*, 36, 635-642.）、「急いでいるので、コピーをとらしてください」という説明だけで、割り込んでコピーすることができる確率が上昇するという実験があります。「急いでいるので」というのは、その人の理由でしかなく、割り込みを許す側にとって何のメリットもないのですが、理由を提示されると人間は断りにくくなるのです。このように、理由がない、根拠を示さない要求だけでなく、「理由や根拠として不十分」な場合も、相手に対して質問し、さらに説明を求める必要があります。

4　対処法その１――すぐに答えないこと

このように、まず相手の要求に対して、「理由はあるのかな？」と考えてみましょう。交渉相手の主張や要求を聞いた時、相手は、理由を説明したか否か、頭のなかで確認します。もし理由の説明がない場合、直接、理由や根拠をたずねるよりも、一言、「もう少し、詳しく説明していただけますか」と質問しましょう。そのなかで、相手が理由や背景事情を説明しない限り、こちらとしては、いかなる譲歩も判断もしない、という姿勢を貫くことが重要です。

わかったつもりにならないこと

また質問に際しては、相手の使っている言葉の意味をたずねる「定義質問」も有効です。交渉相手から、二分法のわなに陥りそうな問いかけや要求をされたとき、たとえば、「価格を下げてほしい」とか、「納期を早めてほしい」といった要求の場合は、イエス・ノーで即答しないことが最高の対処法です。そのためには、相手の要求に、つい、イエス・ノーで答えたくなる衝動を抑えなければなりません。最初から、相手の提案に対して即答しない、というルールを決めておくとよいでしょう。

即答しない勇気

常に、相手からの提案や要求が出た瞬間、頭の中で、「イエス・ノーでは答えない」あるいは、「二分法に注意」と意識すると効果的です。最初のうちは、それでも、つい条件反射的にイエス・ノーのいずれかで答えようとしてしまいますが、そのうち、慣れてきます。

5　対処法その2――話題の転換

不利な形勢から抜け出すには

相手が値引きや、突然の条件変更など要求を突きつけてきた場合、話題を変えるのもよいでしょう。よく、イエス・ノーでは答えないというのはわかったけれど、条件をつけて交渉すべきではないかという疑問を耳にします。先ほどの例にあるように、10％と言われたら、「5％でどうでしょう」と切り返すというものです。しかしこれは得策どころか、自分をどんどん不利な状況に追い込んでしまうものです。

イエスは、全面的に相手に譲歩してしまうことですから、もちろん、自分に不利になります。ノーと言えば、相手からノーの理由について説明を求められます。相手は自らの主張の理由を十分説明していないのに、こちらがノーである理由を説明しなければならないのです。まさに立証責任が転換されてしまったというわけです。そして、10％に対して5％、すなわち条件付きのイエスの場合はどうかというと、イエスで答える場合の不利な状況と、ノーと答えた場合の不利な状況の両方を背負い込むことになります。まず半分の5％は譲歩しているのですから、この部分は、全面的な譲歩ではないにせよ、利益を放棄してしまいました。さらに残りの5％はノーと言っているので、「なぜ、残りの5％はだめなのか」と相手から質問され、その理由を説明することになってしまうのです。このように二分法に陥りそうな問いかけには、まともに答えない、というのが最善策ということになります。

別な話題へ

そこで、この話題から離脱するという「話題の転換」が効果的です。たとえば、「その話の前に、御社のご要望の品質について調べてきましたのでご説明したいのですが」とか、「その前に少しご説明したいことがありまして」といった具合に二分法になってしまう話題から別な話題に転換してしまうのです。この場合、さりげなく別な話題に移してしまうと、案外うまく話題が変わってしまうものです。思ったよりも、話題の転換は、相手に不快感を与えることはありません。それは、交渉というものが、まさにそのようなものだからなのです。これは、賢明な合意を目指すために行う、いわば賢明なやりとりです。

論理で勝負

ちなみに相手が、話題の転換に対して、これを拒否したり、渋った場合は、「現時点であなたのご提案にお答えすることになると、私としても厳しい条件しか提示できません。これはかえってお互いにとって利益にはならないのではないでしょうか」といった具合に、この場で即答すると、こちらとしても、最低限の要求しか出すことができず双方の利益にならないことを示すという手もあります。このように話題を変えることによって相手にも利益がある、という説明をするのが効果的です。

「はぐらかし」も一つの戦術

このようになんとしてでも、二分法から離脱しましょう。これを考えるだけで、交渉で安易な譲歩をしてしまうリスクは格段に少なくなるのです。さらに、話題の転換について、もっと簡単に「いや、ご冗談を」といった形ではぐらかしてしまうという手もあります。このやり方も効果的です。実は、ほとんどの人は、交渉相手を冷静で完璧な人間とみなすか、いつ感情が爆発するかわからない危険な人間とみなすか、いずれにせよ常に交渉相手に対して過大評価している傾向があります。交渉相手も不安を持ちながら交渉しているのだ、という事実を忘れてはいけません。相手もこちらが要求に対してどのように応えてくるか、実はかなり心配しながら交渉しているのです。相手も不安、こちらも不安というわけなのです。このように自分にとって不利な話題から離脱することは、非常に効果的です。

6　アンカリングから離脱するには

アンカリングについて、もう少し詳しくみていきましょう。アンカリングがなぜ問題かというと、それは、相手の基準に合わせた意思決定に誘導されてしまうところにあります。そしてやっかいなことに、アンカリングは非常に強力なツールです。アンカリングから離脱するということは、なかなか難しいことなのです。

デフォルト化

アンカリングとは、相手の提示した数値を規定値（デフォルト）としてしまうことです。このわなから抜け出すための第一歩は、自分たちの数値をデフォルトにしておくことです。そのためには、事前に、提示金額と譲歩可能なぎりぎりの金額（これを、留保価格と呼びます）を用意するしかありません。これによって、アンカリングの影響を少なくすることは可能です。

しかし、それでも影響されてしまうのです。

準備しなければ負けと同じ

ましてや、一切準備をしないでこのアンカリングに直面すれば、まず間違いなく相手の提示金額に引きずられてしまいます。自分の中で、相手の数値をデフォルトとして受け入れてしまった段階で、残念ながら、交渉は「負けたのと同じ」なのです。

アンカリングは、交渉に対する不安の度合いが強いと、さらに引っかかりやすくなります。こちらが不安なときに、交渉相手から自信たっぷりで強気の金額を提示されてしまうと、その提示金額にとらわれやすくなり、その金額（頭の中でデフォルトになっています）にいかに近づくことができるかということばかりを考えるようになるのです。これが「アンカリングのわな」なのです。

アンカリングは、マーケティングの世界でも、価格の表示に際して効果的に使われています。たとえば、「希望小売価格から何割引」といった二重価格表示もその典型例です。消費者はその希望小売価格にアンカリングされ、そこからの値引きを見て、お買い得な気持ちになってしまうのです。

では、どうすればこのアンカリングに対して、効果的な対応ができるのでしょうか。いくつかポイントを整理してみましょう。

価格だけが争点の交渉

アンカリングについては、先に出した方がいいのか、後に提示したほうがいいのかいまだに定説といわれるものはありません。状況や商品の性質、あるいは地域性や文化性による相違があり、一概に判断できないと言われています。また取引の内容や業種の違いによっても価格提示のやり方は異なります。しかし一般に、価格以外に交渉すべき条件がない場合、先に提示したほうがよりアンカリングの効果を発揮しやすい、つまり先に提示した金額に対して、相手がアンカリングに引っかかりやすいという研究結果が最近は有力です（ダニエル・カーネマン『ファスト&スロー　あなたの意思はどのように決まるか（上）』早川書房、２０１２年、１８７頁）。

価格以外の要素が加わるとどうか

しかしながら、通常のビジネスでは、金額以外の他の条件が一切問題にならないということはほとんどありません。仮に、ある部品や原材料の調達で、数字だけが問題になっていたとしても、全体としてみると、交渉すべき協議事項は他にもいくつかあるはずです。複数の論点が絡む交渉の場合、アンカリングに関しては先に提示するか、後に提示するかどちらの場合でも、状況によってその影響力を発揮することができます。

アンカリングを知る

ここで重要なポイントは、アンカリングという概念を知っているか知らないかによって大きな差が生じるということなのです。アンカリングという概念を知っていれば、相手からの価格表示に対して警戒して、それを受け取ることができます。まず、相手の提示金額を聞いたとき、この数値のアンカリングに引っかかるとまずいぞ、と思うだけでもある程度の効果が期待できるのです。

その場を離れる

自分の心理状態を認識するということは、アンカリングから離脱するうえで非常に効果があります。また交渉戦術としては、相手から金額の提示があり、アンカリングの影響を受けそうだと感じたときは、一度その話題から離脱することも効果があります。価格提示が早いと感じた場合は、「もう少し御社のアフターサービスについてお聞きしたいのですが?」といったかたちで、話題を変えてみましょう。

上書きせよ

アンカリングを回避するためには、提示された数値にできるだけこだわらないことが重要です。しかし人間は、「その数値は無視しなさい」とか、「その数値は忘れるようにしよう」と思

図８　自分からアンカリングに入り込まないこと

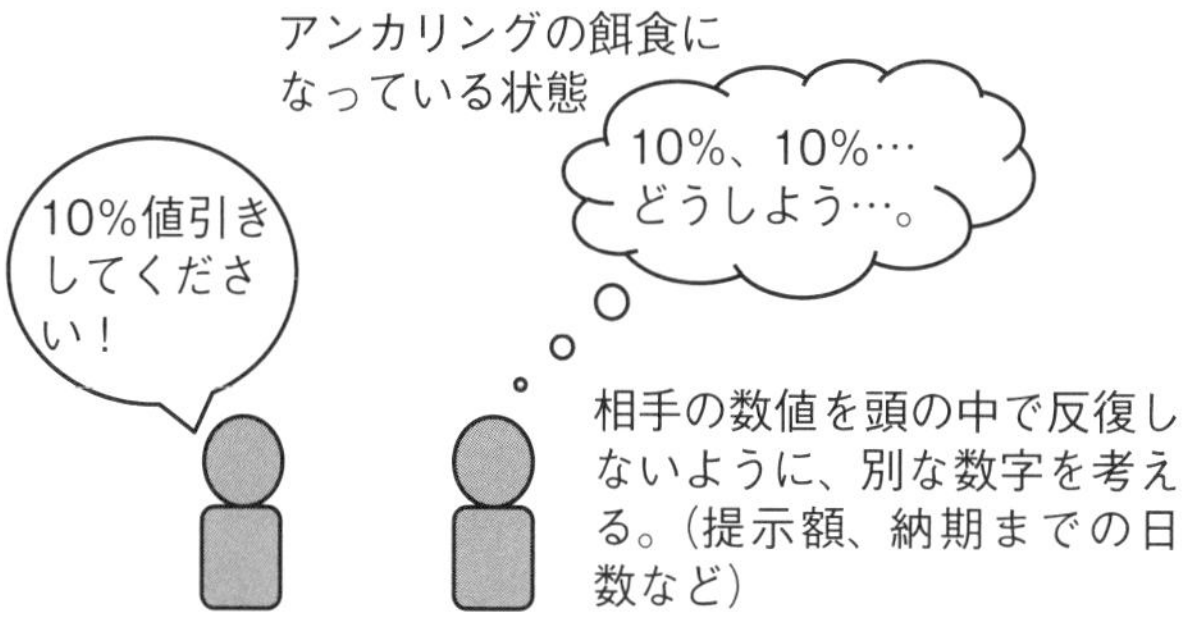
アンカリングの餌食に
なっている状態
10%、10%…
どうしよう…。
10%値引きしてください！
相手の数値を頭の中で反復しないように、別な数字を考える。（提示額、納期までの日数など）

えば思うほど、忘れられなくなります。「頭の中で繰り返してはいけない」と思えば思うほど、その金額ばかりが気になるのです。「いまから、お寿司のことは考えないように！」といわれると、お寿司のことが頭から離れなくなる、といったことは昔から言われています。このように何かについて考えないようにしようと思えば思うほど、そのことばかり考えてしまうと言うのが人間の心理のおもしろいと同時に困ったところなのです。

そこで、別な数値を考えることが効果的です。一番よいのは、自分の目標数値（留保価格ではいけません。すでに譲歩の余地を検討してしまうことになるからです）をもう一度、確認することです。そうすることで、別な数値で上書きすることが効果的です。あるいは、別な話題に転換してもかまいません。例えば金額提示をされた後、すかさず「ところで購入数はどれくらいですか」といった別な数値に話題を変えてしまうというのも一つの手です。

7　ロジックの効果的な活用方法

論理の構造

論理といわれると「難しいな」と感じる人も多いかと思います。確かに、論理的に考え続けることはきわめて難しいことです。論理的に交渉できるようになるためには、次に挙げる三つの習慣を身につけることから始めてみましょう。実際の交渉場面でこの三つの習慣が身についていれば、ほぼ対応できると考えています。むしろ、この三つができないのであれば、どれほど高度な論理学のテキストを読んで勉強してもあまり効果がないのです。

①主張、根拠、データの3点セット

交渉の中で、冷静に論理的に思考していくためには、論理の基本構造を理解することが有益です。まず論理的な主張というものが何なのかということについて整理しておきましょう。それは、三つの要素に分けることができます。第一に、何らかの主張、要求です。第二に、この要求が正当なものであるということを支える根拠・理由が必要となります。そして最後にこの

図９　論理の３点セット

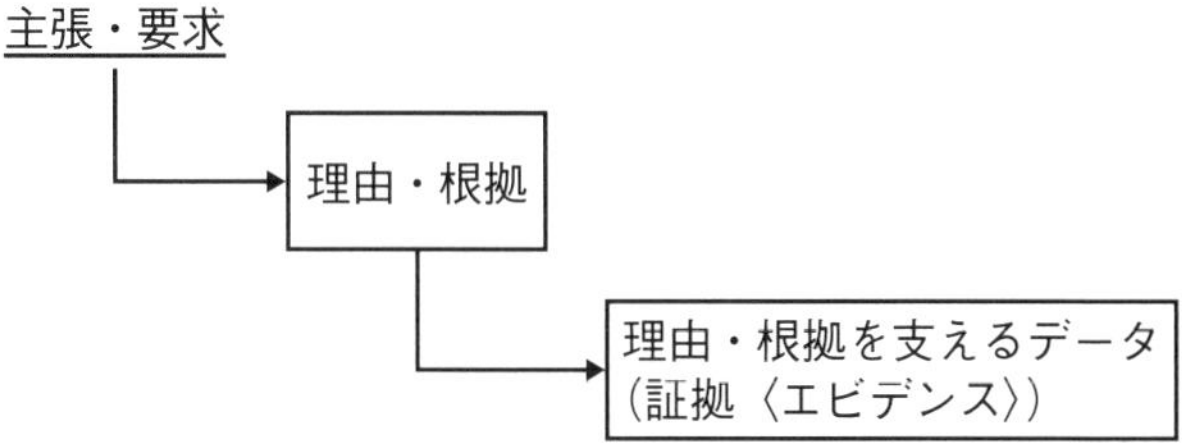

根拠・理由を裏付けるデータや証拠です。

・主張と根拠、そしてデータ

この三つの要素、つまり主張と根拠、そしてデータがそろっていないような相手方の主張は論理的な主張としては不十分です。例えば相手が「値引きをしてほしい」と言ってきたとします。理由の説明もなくただ値引きをしてほしいと言っているだけでは根拠とデータが不足しているので、相手の主張は論理的な主張ではありません。したがってこの主張に直ちに応じる必要はない、と考えます。

・理由があってもこわくない

次に「値引きをしてほしい」と言われた後、最近、ライバルとの価格競争が激しくなっているという理由を説明されたとしましょう。ほとんどの場合、このような理由がついてしまうと「値引きせざるを得ないな」という気持ちになってしまいますね。人間は、簡単な、理由にもならないような理由でも、何となく説得されてしまうものなのです。しかし、ここからが勝負です。ここではこの理由を支えるデータや証拠が示されていません。したがって、このまま受け入れてしまうようでは、論理的な主張に対する適切な対応方法とはいえないのです。この状態で譲歩した場合は、賢明な合意にはつながらない譲歩になってしまいます。

・「もう少し、詳しく教えてください」

しかし、ほとんどの人は、交渉相手に対して、これ以上データや証拠を問いただすということは、まずやろうとしません。そんなことをすると、「角が立ってしまう」と思ってしまうのです。確かに、まともに「証拠はあるのか、出してみろ」といえば喧嘩になるでしょう。しかしここで上手に質問すると、相手にデータや根拠を問うことが可能になります。

ここでは交渉相手に、自分たちの要求には具体的な裏付けがないことを、間接的に理解させ、「その要求でこちらを説得することは難しい」ということを理解させることが重要です。そこで、質問の仕方も工夫する必要があるのです。質問については、後でもう少し細かく整理しますが、ここでは質問技法の一つである「程度を聞く」という技法を使うのが効果的です。

・「どのくらいですか」

どういうことかというと、相手が使った言葉、たとえば先ほどの例では、「ライバルとの価格競争が激しい」という表現がありました。そこで、この「激しい」という形容詞に着目するのです。その「激しい」とはどの程度激しいのか、その説明を求めることになります。例えば「価格競争が激しいとのことですが、少し、現在どのような状況なのか、ぜひ聞かせていただけませんか」といった形で、形容詞の内容を具体的に説明してもらうのです。

・遠慮しない勇気

この、「程度」を聞く質問は、かなり効果があります。ところが日本人の交渉者の多くは、程度を聞かないのです。しかし感覚的な表現に共感してはいけません。感覚的な表現を聞いただけで譲歩してしまうならば、交渉相手は、詳細な説明をする必要がなくなります。このような交渉を安易に続けていると、次第に「この人は詳しい説明をしなくても、譲歩してくれる人だ」という評価をされてしまいます。このような評価をされてしまうと、その交渉はますます不利になってしまうのです。

・「立て板に水」の交渉相手にはどうする？

では、さらに高度な状況について考えましょう。例えば、交渉相手側が、値下げの理由について非常に論理的に説明してきたらどうでしょう。まず要求を丁寧に説明し、その要求の根拠や理由を説明した上で、さらに、いくつかの資料を出してきて具体的なエビデンス（証拠）に基づいてこちらに譲歩を迫ってきた場合はどうでしょうか。

世の中には、立て板に水という勢いで、非常に美しく、自分たちの状況を説明する交渉者も少なくありません。しかし、焦る必要ありません。ここが交渉というゲームの面白いところなのです。

相手がどれほど完璧な説明をしたとしても、私たちは、「ご事情はよくわかりました。ただし、私たちしてもこの要求をそのまま受け入れるわけにはいきません」と拒否してかまわないのです。

交渉というのは、正しさを証明するところではありません。相手がどれほど正当な主張したとしても、こちらに利益がなければ、その主張を受け入れる必要はないのです。

・合理的な交渉に持ち込め

交渉相手の説明が、理路整然としている場合は、むしろこちらも合理的に交渉できる相手だと考えて歓迎すべきです。あわてる必要はありません。相手の説明が理路整然としていても、交渉の場合、最後に合意するか否か、という切り札は私たちが握っているのです。ただし、交渉相手が論理的に丁寧な説明を心がけようとしている場合は、私たちもこの交渉相手に対して論理的な説明を行う必要があります。このような状況は建設的な交渉を促進することになるので歓迎すべき状況だといっていいでしょう。

②質問力

次に、交渉中に、相手に適切な質問をどのように作っていくかについて説明します。実は、交渉中に質問するというのはとても難しいことです。

・二つの質問タイプ

一般に、質問技法として有名なのは、オープン・クエスチョンとクローズド・クエスチョンです。

オープン・クエスチョンとは、相手に自由に話をしてもらうというタイプのものです。相手に対して「あなたはどう思いますか」とか、「もう少し詳しく説明してくれませんか」といった形で比較的自由に話をしてもらいます。メリットは、交渉相手からいろいろな情報を引き出すことができるということです。

逆に、デメリットとしては、こちらが聞きたい答えを得ることができない場合がある、時間がかかる、といった問題があります。またオープン・クエスチョンは、唐突に始めると、交渉相手に警戒されるかもしれません。なぜなら、交渉の初期段階では、お互いの信頼関係がないので、どちらかというと情報をあまり出さないようにする傾向があるからです。したがって、交渉の初期段階でオープン・クエスチョンが繰り返されると、尋問されているような気がして、交渉相手としては情報提供を拒否する危険性があります。

他方、クローズド・クエスチョンとは、たとえば相手に「値引きしてくれるかどうか」とか、「納期を少し早めてもらえないかどうか」といったかたちでイエスかノーで答えてもらう質問や、二つから三つ程度の選択肢の中から、どれかを選んでもらうような質問形式です。前述した交渉相手に二分法で答えてもらうようなタイプの質問です。私たちは、このような二分法に近い質問に対してまともに答えないという対策をとっていますので、交渉相手も同じような対策をとってくる可能性もあります。ただし、クローズド・クエスチョンは、すでに状況がある程度判明していて、選択肢もきわめて限られていることがお互いに分かっている状況の中であれば、相手の意思を明確に確認する質問として非常に効果があります。しかし、この二つの質問技法だけでは交渉相手から効果的に情報を引き出すことは難しいのです。そこで、私たちは、より中間的なアプローチを採用して、交渉相手に質問を投げかけましょう。

・言葉の意味をたずねる

ぼやけた言葉のやりとり

私たちは通常、あいまいな表現を許容しあいながら、コミュニケーションを進めます。しかし外国語で話をする場合は、相手の言葉の意味がわからなかったり、あるいは相手の表現が何を意味しているのかよくわからない、ということがあり、そのような意味を相手に尋ねることが頻繁に行われるものです。

母国語で交渉している場合、このような確認をしながら交渉することはまずありません。しかし交渉相手がどのような趣旨でその言葉使っているのか、確認することはビジネス交渉では、極めて重要なのです。

相手の言葉を理解する努力

そこで、交渉相手の言葉の意味について、少しでもよく分からないところがある場合は、丁寧に質問することが重要となります。例えば、合併交渉しているときに頻繁に「シナジー」といった表現が使われることがあります。シナジーとは、合併によってお互いの強みが生かされて相乗効果を生み出すだろうといった趣旨で使われることが多いのですが、どのようなシナジー効果を意図しているのか、交渉相手に確認しておいた方がよい場合が少なくありません。

無知をさらすことを恐れない

他にも、交渉相手との間で確認しなければならない専門用語や、表現方法は交渉中に次々、登場します。これに対して私たちは、交渉相手が使っている専門用語を、つい知っているふりをしてしまいがちです。確かに、当然知っているはずの用語であれば、それを知らないのは、恥ずかしいことかもしれません。しかし、よほど自分の一般常識に自信がある人でもない限り、交渉中に疑問を感じた表現や専門用語は、まず交渉相手に聞いてみなければわからないものです。さらにいえば、常識的に知っているような言葉であってもあなた自身が知らないのであれば、交渉相手にたずねた方が安全です。このように、交渉中に自分がよくわからない言葉が出てきた場合は遠慮なく相手に質問しましょう。

法律用語は必ず確認

特に、ビジネス交渉であれば法的な論点が出てくることも少なくありません。交渉相手が提示する契約条件の中には、専門家でも一瞬、戸惑うような専門用語が出てきたりします。そのような場合には、むしろ、交渉相手に対して言葉の意味をたずねておかなければなりません。例えば、「今お話になったライセンス契約の中に入れる○○条項について、確認したいのですが、どのような内容なのか、ご説明いただけますか」といった具合です。

ちなみに英語の契約書の場合、定義（definition）が契約の冒頭や末尾につけられているのを、ご覧になったことがある方もいると思います。法律の場合、契約書の定義は非常に重要です。あらゆる疑問をそぎ落とした状態で締結される契約に、可能な限りあいまいな表現は残さないようにする必要があるのです。もちろん、完璧はありません。どのような契約書であっても必ず想定外の状況が発生します。合意というものは、将来に対しては、不完備な契約となるものなのです。

形容詞には要注意

とは言え、交渉者としては、可能な限り曖昧な状況を放置しないようにする必要があります。言葉の意味を確認するという作業を交渉中に意識的に行ってみてください。

次に、「厳しい」「難しい」「情勢が悪化している」といったあいまいな形容詞の中身を確認する作業も効果的です。「厳しい」「難しい」と言われて、「そうですか」とそのまま帰ってきては交渉になりません。逆に「厳しいはずがない」「難しいわけがない」と反論しても何の意味もありません。

先ほどの繰り返しになりますが、どの程度厳しいのか、どの程度難しいのか、具体的に相手から説明を求める方がはるかに効果的です。例えば「その条件では厳しい」という説明に対して、「具体的にどのあたりが厳しいのかポイントを少し教えてもらえませんか」といった形で交渉相手にその程度について説明を求めていく。これによって相手の真意を探っていくことを目指すのが質問のポイントです。交渉中に、程度をたずねる質問を行うと、交渉相手は不用意にあいまいな形容詞を使うことができなくなります。すなわち、交渉相手に対して、この種の質問をすることによって、間接的なかたちで、あいまいな説明をさせないという牽制となるのです。

「絶対にありえない」はありえない

では、交渉相手が「絶対にゆずれない」という表現を使った場合には、どう切り返せばいいでしょうか。例えば、「100%受け入れることができない」とか「確実に、上司の許可を取ることができないでしょう」といった、いかなる譲歩も不可能だということをこちらに知らせるような表現に対してです。

無視することも交渉のうち

このような交渉相手の発言に対して最も効果的なのは、この点については一切質問をしないということです。まともに、「なぜですか」というWhyの質問を投げかけても、ほとんど効果はありません。根拠をたずねても、いろいろな言い訳を聞かされるだけです。交渉を前進させる材料にはなりません。さらに相手の理由を批判する、たとえば、「あなたの発言は、論理的に矛盾している」とか、「そんなはずはないでしょう」といった反論をしても交渉相手の頑固な態度を崩すことは難しいでしょう。

交渉では、相手を強く説得して、一方的に譲歩させるというやり方を取るのではなく、相手が自ら納得して提案を撤回するか、修正提案といったかたちで譲歩してくれることを願う方が、効果が高いといえます。

なお、これは相手の意見や主張を受け入れるという意味ではないので注意してください。私たちの目的は、「絶対にできない」という交渉相手の発言を、最終的には撤回させるところにあります。撤回させるために、相手を追い詰めて、誤りを認めさせるという戦い方では、交渉相手は仮に過ちを内心認めていたとしても、頑なに譲歩を拒むでしょう。このような追い詰め方ではなく、相手がこの発言を撤回できるようにしてあげればよいのです。話題を変えて、少し話し合っているうちに、「絶対できない」といっていた相手の発想が切り替わるような、交渉の展開になることがあります。そのときには、相手は自然と自分の発言を切り替えて、譲歩の余地を示す場合が多いのです。

ただし例外もあります。法的なトラブル、特許の権利侵害であるとか、第三者の仲裁を受ける場合、相手の発言の矛盾を突いて明確に撤回させなければ、交渉全体の展開が不利になると判断した場合には、相手の論理矛盾を指摘するべきでしょう。そのときには、「なぜか」と質問をする必要があります。ただし、これは権利を争うようなきわめて敵対的な状況の時の話です。

なお、率直に、相手の発言の真意や根拠がわからず、どうしても「なぜ？」という質問がしたくなったときは、疑問に思ったのでどうしても、詳しい事情を聞きたい、と思っているときは、直接、「なぜ？」と聞くのではなく、「もう少し詳しく、説明していただけますか」という軟らかい表現を使う方が効果的です。

ヒューリスティクス

筋が通っているか（因果関係）

交渉とは、ある意味で特殊な環境です。冷静に自分だけで何かを考えているときとは明らかに異なる状況になっています。そのため交渉中は、合理的に考えているつもりでも、後になって、「何でこんなおかしな条件で合意してしまったのだろう」と後悔する場合が少なくありません。そして人間は、将来の利益に対しては楽観的になりがちです。将来の利益をちらつかせて、現在の条件の譲歩を迫るという交渉や、ちょっと怪しいけれど魅力的なもうけ話に人が容易に引っかかるのもある意味、無理からぬことなのです。

欺まん的な説得技法に要注意

そんな人間の弱さにつけ込んで、理屈から言えばどう考えてもおかしい悪徳商法の被害に遭ってしまう例が後を絶ちません。最近では、複雑な構造を持っている金融商品を使った悪質な販売や、最近話題のテクノロジー（技術）への投資話をでっち上げて、お金を巻き上げる業者が増えています。そんなニュースを見ていると、「だまされた人は、なぜ、こんな理屈の通らないもうけ話にだまされるのだろう」と思ったりします。

ヒューリスティクス（近道のわな）

これは、私たちの思考のバイアスに原因があります。私たちは、あらゆる意思決定において、ヒューリスティクスに依存するのです。これについてはダニエル・カーネマンらの研究が有名です。カーネマンは、一般に、人間の思考にはシステムⅠとシステムⅡという二つの側面から説明するとわかりやすいといいます。システムⅡとは、きちんとした論理的思考のことです。たとえば、会計帳簿の数字の整合性を見るとか、複雑な法律の文章を読む、あるいは、自分で数理モデルを作ってそのモデルの方程式を考える、といった複雑な思考の時に使われるものです。すなわち、一つずつ段階を追って物事を考えるときに使われる思考法です。ちょっとした集中が求められるような意思決定の場合もこちらが使われます。必ずしも高度な知的作業だけに限られるわけではありません。

「考えずに済ませたい」という誘惑

このシステムⅡは脳に対する負荷が非常に大きいため、できるだけこれを使わずに済まそうとする傾向があります。また現実的にも、朝起きて顔を洗い、歯を磨いて洋服を着る、そして朝食を作るといった作業にいちいちシステムⅡを使い続けていると、時間ばかりかかってしまいます。それでは、日常生活を営むことが困難になります。そこでシステムⅠの出番です。

システムⅠとは、システムⅡのように細かく手順をじっくり考えるということではなく、直感や印象で行動を決定していくような思考システムです。車を運転しているとき、理由はうまく説明できないがなんとなく、右側の車線を通った方が空いてる気がするとか、2＋3は5であるといった簡単な足し算や九九の暗算を即座にできるような過去に習得された知識の活用、さらには、あの人は一流大学を卒業したと言っているから頭のいい人に違いないといった印象やイメージを活用します。

ヒューリスティクスとうまくつきあう

このほうが脳に対する負荷が少ないので、人はほとんど、こちらを使って生活しているといわれています。このヒューリスティクスの研究がすすむようになってから、交渉学の研究では、合理的な意思決定のモデルを前提とした交渉の意思決定モデルの研究とともに、限定合理性の研究が盛んになっています。

因果関係の錯覚

特にヒューリスティクスで問題なのは、因果関係の錯覚です。因果関係のない事柄に因果関係を認めてしまうことです。私たちは、高いパターン認識の能力を持っています。本来はパターンがないようなところにも、何らかのパターンを見つけだしてしまう、そのくらい私たちはパターン認識に依存して世界を認識しているのです。そのため、交渉でも、ある合意案が私たちの利益につながるかどうか明確な因果関係があるとは思えないのに、ついうっかり、因果関係を見出してしまって安易な譲歩や合意をしてしまうといった場合が少なくないのです。

私たちは、本来、何の関係もない二つの現象を上手に組み合わせて、原因と結果の関係、すなわち因果関係を見つけ出そうとします。たとえば、ある新製品が大きく売れたとき、その原因はきっとデザインがよいからだろうとか、ソフトウェアが使いやすいからだろうなど、その原因を探ろうとします。これがお昼休みの雑談ならば、問題ありません。しかし、ある製品の成功を分析するときに、このような思いつきだけで原因を特定してはならないはずです。おそらくユーザーのアンケートや、競合他社の製品との比較、さらには現在のビジネスのトレンドなど、様々な要因を分析していくことになります。

ところが交渉となると、私たちは、手っ取り早く原因を見つけて、あとからつじつまを合わせる物語を作ってしまうのです。たとえば、心理学で有名な「ハロー効果」も、簡単に因果関係を見つけてしまう一つの例です。ハロー効果とは、いくつかの目立った特徴に注目して、すべてを評価するもので、一つのよい特徴があれば、すべて肯定的な評価になる場合と、一つのよくない特徴があれば、すべてを否定的に評価するという二つの極端な効果があります。

このハロー効果の例として最も有名な事例は、好感度の高い服装や、態度、言葉遣いをする、あるいは、一流大学を卒業しているといった特徴が、その人の信頼性をあげたり、この人は優秀な人なので仕事を任せても間違いがないと判断してしまったりするものです。たとえば、工学部を卒業しているという人は、数学で入試を受けているので、きっと、論理的な思考が得意なのだろう、といった「理系＝論理的」という発想も一つのハロー効果です。ビジネスの成功事例の原因を、優れた経営者の独創的な発想だけに求めたり、特定の原因に依拠して、その会社の成功を評価するのは典型的なハロー効果による認知のバイアスです（フィル・ローゼンツワイグ『なぜビジネス書は間違うのか』日経ＢＰ社、２００８年など参照）。交渉では自分の意思決定が、一つの特徴に依拠して決められてしまっていないか、注意する必要があるのです。

ビジネス交渉では、過去の交渉経験、特に成功事例を参考にして、交渉の進め方を決定したり、相手に提案することになります。たしかに経験は大きな武器です。しかし、ここにも利用可能性ヒューリスティクスというわなが隠れているのです（ダニエル・カーネマン『ファスト＆スロー（上）』早川書房、２０１２年、１９１頁以下を参照）。たとえば、いままで部品の調達交渉で強気の交渉を行い、相手に徹底的に譲歩させることを得意としていた人がいたとしましょう。しかし、この人が出世をして、ライバル企業と新製品の事業提携の交渉を担当したとき、この過去の成功事例が邪魔になってしまうことがあります。この人は交渉中、自分の成功事例、その中でも「思い出しやすい」ものを使って交渉しようとします。すべての条件を先に提案し、最後通牒を突きつけてうまくいった例を思い出したとすると、現在の交渉の中でそれが最適な戦略かどうかを考えることなく、その成功事例に基づいて交渉しようとしてしまうのです。これ以外にも、利用可能性ヒューリスティクスは、自分が思い出しやすい問題については、常に過大評価する傾向があります。自分のよく知っている分野の市場規模や、売り上げを見積もるときは、通常よりも過大に評価する傾向があります。

また、最も有名なヒューリスティクスとしては、プロスペクト理論があります（ダニエル・カーネマン『ファスト＆スロー（下）』早川書房、２０１２年、70頁以下参照）。人間は、金額の評価に関して、心理的な価値を考慮して意思決定を行います。たとえば、次のような例を見てみましょう。「Ⓐ確実に1万円もらえる場合と、Ⓑ50％の確率で1万5千円もらえる場合とでは、どちらを選びますか」という質問です。このときは、Ⓐの選択肢を選ぶ人が多くなります、確実に利益を獲得できる方を選ぶわけです。他方、「Ⓐ確実に1万円を失う場合と、Ⓑ50％の確率で1万5千円失う場合と、どちらを選ぶか」といわれたときは、Ⓑに賭けてみようと思う人が多くなります。人間は、確実な損失に直面するとリスクを追及して賭けに出やすくなる、すなわち、人間は損失を回避したいという強い傾向があるということです。ただし、プロスペクト理論については、価格や条件の設定によって結果に変化が見られることもあります。そのため、あらゆる場面でこの条件が適用されるとはいえません。しかし、少なくとも、交渉の中では、人間の損失回避という心理傾向を理解し、相手に損失を回避したいと思わせるような提案を行うことで、自分たちの望む方向に意思決定を促すことができるかもしれないわけです。また、自分の損失回避のバイアスが、せっかくのチャンスを逃してしまうという危険性にも注意が必要です。

これ以外にも、直前に与えられた情報に意思決定が大きく影響される「プライミング効果」といわれるものもあります（池谷裕二『自分では気づかない、ココロの盲点』朝日出版社、2013年、92頁参照）。交渉前の雑談の時のわずかなキーワードが、交渉相手に微妙な影響を与えていることも少なくありません。このように、認知のバイアスが交渉の中で様々な影響を与えているのです。ただし、この認知のバイアスと交渉の関係については、まだ、わかっていないこともあります。ヒューリスティクスと交渉の関係は、大変興味深いテーマであると同時に、研究途上のテーマなのです。

合意のバイアス

合意依存症

交渉は、合意を目指すのが当たり前、と思っている人も多いと思います。しかし、交渉学では、合意の中身、その質に着目します。ハーバード大学の故ロジャー・フィッシャー教授は、「賢明な合意」の条件として、当事者双方の利益が最大限反映されていることや、利害が公平に調整されていること、合意の持続性や社会全体の利益に配慮した合意であることを、交渉では目指すべきであると指摘しています。

しかし、交渉では、「合意したい」あるいは、「合意しなければならない」というプレッシャーにさらされています。上司からは、「早く結論がほしい」と言われるでしょうし、営業成績が気になる場合には、「何とか次の交渉で相手との契約を取り付けたい」と思います。もっとひどい場合は、「とにかく今日中にまとめてくるように」といった指示が出されることもあ

図10　合意のバイアスに注意

合意のバイアス

合意することだけに着目してしまうこと

表：合意および不合意に対するイメージ

	合意のイメージ	不合意のイメージ
その後の人間関係	友好的	敵対的
交渉の評価	成功	失敗
交渉担当者に対するイメージ	優秀	交渉能力なし

不合意のイメージを悪くとらえすぎると合意バイアスに陥りやすい

ります。

このように、合意へのプレッシャーは、非常に強いのです。

合意を尊重する日本人

さらに、日本人は、和を尊ぶ精神からか、相手と意見が合うことや、早く合意することを非常に重視する傾向があります。また、よく現場では、「とりあえず、合意だけしておいて細かいことは後で決めませんか」というような提案も見られます。一昔前ならば、このような曖昧な合意が許された時代があったかもしれません。取引をめぐる状況が安定していて、同じ文化圏に属しているような場合、細かいことを取り決めずに、暗黙のうちに、「貸し・借り」を積み上げながら利害調整をするということが行われてきました。このように暗黙の了解による取引は、お互いが裏切ることに大きなデメリットを感じるような閉鎖的な関係の中では有効です。しかし、異なる文化圏に属している人同士の交渉となると、詳細まで条件を取り決めて、その遵守を求めあう関係の方が合理的になります（この点については、アブナー・グライフ『比較歴史制度分析』ＮＴＴ出版、２００９年の分析が参考になります）。

毎回の交渉を大切にする

現代社会では明らかに、後者の取引関係が大半を占めるわけですから、一回一回の取引の中で、どこまで自分の利益を反映させるかが重要となるのです。

ただし交渉では、「今後、誠実に交渉を進めていきましょう」とか、「できるだけ合意を目指しましょう」という意味での合意（基本合意、Letter of Intent）を交渉の冒頭に交わしてから、本格的な交渉に入るということも多く見られます。合併や買収、事業提携のように、双方で相手方の秘密情報にアクセスしながら、デュー・ディリジェンスを行う場合には、守秘義務契約とともに、このような基本合意がなされます。ただし、これは、「とりあえず、細かいことは置いておいて」という曖昧な形での合意ではありません。今後の交渉の継続について合意するという基本合意は、その場しのぎの曖昧な合意をして、暗黙の貸し借りを積み上げるといった合意とは全く異なるものです。

自己正当化

後知恵と正当化

合意のバイアスが強くなると、非常に危険な状態が発生します。それは、「自己正当化」です。合意したいという思いが強くなるあまりに、相手から提示された条件をすべて自分に都合よく解釈してしまう心理傾向に陥ってしまう状態を意味します。「落としどころ」という言葉を使って、自分の譲歩を正当化しようとしたら、危険信号です。

なんとかなる、という思い込み

このような場合、合意内容を細かく精査することを意図的に回避しようとする心理状態に陥ります。「今の時点でとりあえず、話をまとめておけばよい」「後でトラブルが起きても、何とかなるだろう」という発想です。交渉担当者は、ともすると交渉相手だけでなく、社内からいろいろなプレッシャーを受けることがあります。ある企業と共同で製品を開発しようとすれば、知的財産権を管理する知財部から、自分たちの技術や特許について権利をきちんと守った契約にするように要請され、技術者たちからも、自分たちの技術の優位性を損なうような合意をしないように要求されます。その上、交渉相手からのプレッシャーもあります。さらに、自分たちが描くビジネスモデルを実現するためには、会社の中でいくつかの部署には我慢を強いることもあるでしょう。

モチベーションの低下と合意への誘惑

そのような調整をしていると、社内の不満にさらされたり、内部の意見調整に奔走させられます。おそらく交渉者であるあなたに対する批判もたくさん出てくるでしょう。そんなとき、次第に「自分だけが、この交渉で苦労されられているのではないか」という被害者意識が生まれます。そして、交渉のプレッシャーが高まるにつれて、次第に交渉に対するモチベーションが、失われてしまったり、投げやりになってしまうのです。

苦しいときには、逃げたくなる

そんな心理状態になると、「この交渉を一刻も早く終わらせてしまおう」という思いにとらわれる危険性が出てきます。人間は不愉快な状況から一刻も早く脱却したいと思うものです。その時、都合のいい理屈で話をまとめて終わらせてしまおうとする心理的な誘惑に駆られます。そしてその交渉結果を都合よく自己正当化して説明しようとするのです。

たとえば、「今回は、相手も少しは譲歩したのだから、こちらも譲歩してもよいのではないか」とか、「交渉相手ともかなり時間をかけて話し合ったし、これ以上、相手に要求するのは無駄だろう」といった、自分に都合のいい理由で合意してしまおうとするのです。このような時に交渉学では、自分のミッションを再確認することを勧めます。そもそもこの交渉は、何のために行っているのか、自分たちはこの交渉で何を獲得したいと思っているのか、そのような点をもう一度再確認することで安易な合意を回避します。

合意への過度な期待

未来はすべて美しい

合意に対する過度な期待が、いろいろなトラブルを引き起こすことがあります。私たちは、将来のことを考えると楽観的になりやすいため、交渉でも、合意した後、思惑通りにビジネスがうまくいくシナリオを思いつくと、そのプラスの側面のみに着目してしまいがちです。

見込みの甘さ

このように遠い将来に対する見込みの甘さが、目の前の交渉で安易な譲歩につながってしまうのです。交渉では、とりあえず合意を作っておいて、実際にビジネスを動かしてからいろいろなトラブルを解決していこう、という誘惑に駆られます。今現在、交渉で論点となっている困難な問題を、いちど棚上げにして、とりあえず合意してしまって、細かいことは現場で解決していこうという考え方です。しかし、このような発想が上手くいくとは限りません。むしろトラブルを起こすことの方が多いのが普通です。

最悪の事態を想定する

このような問題を回避するために、交渉の準備では、万一、この交渉が上手くいかなかった時の代替案を検討し、楽観的なシナリオではなく悲観的な状況に陥ったときの対処法についても用意しておく必要があります。このように、私たちは、交渉中に様々な誘惑や心理的なバイアスにとらわれています。その中で適切な意思決定をし、賢明な合意を目指していくことはるかに難しいのだということを認識した上で、交渉学の基本原則を使いこなしていくことが重要です。

第3章　パワープレーを打ち破るには

1　パワープレーとは何か

強いか、弱いか？

　パワープレーとは、常に交渉に関係する人間関係を、上下関係で捉えようとする発想のことです。パワープレーでは、自分と相手の力関係を常に測定し、自分が強い立場にあるときは相手に対して強硬な姿勢をとり、自分が弱い立場にあるときは相手に対して低姿勢もしくは従属する態度をとることによって合意を形成しようとします。パワープレーヤーとは、強気の姿勢で交渉する相手という意味だけではなく、自分が弱い立場にある場合には思考停止状態となり、交渉相手に対して卑屈なまでに従属してしまうのです。この両極端な交渉スタイルが、パワー

図11　パワープレー

パワープレー（上下関係）で自分と相手の力関係を測定する

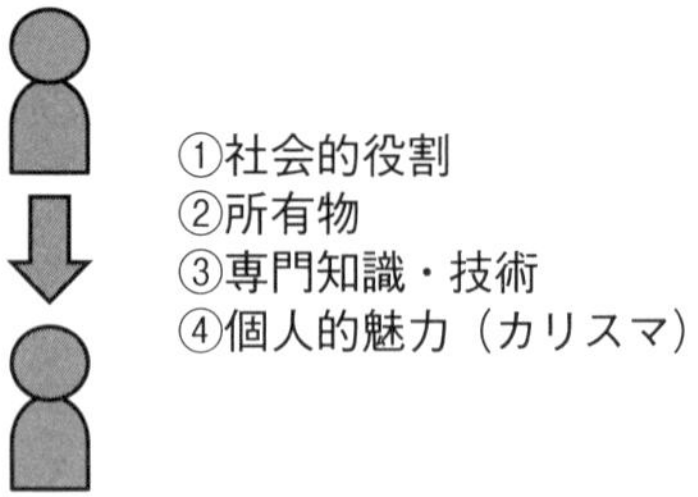

参考文献
アン・ディクソン『それでも話し始めよう　アサーティブネスに学ぶ対等なコミュニケーション』（クレイン　2006）23頁

プレーヤーの特徴です。

パワーの四つの源

パワープレーの源泉は四つあります。第一に社会的役割です。これは社会的な地位、例えば上司と部下、先輩と後輩、教師と生徒といった社会的な立場や役割に基づく上下関係を意味します。第二に所有物です。例えば原油をたくさん保有している産油国とそれを消費する日本のような国との関係、レアアースあるいは土地や建物や金融資産の取引関係は、容易にパワープレーに転換しやすいものといえます。第三に、専門的知識や技術に起因する関係です。弁護士と顧客、医者と患者のように情報の非対称性が発生するような専門家と一般の人との関係の中では、お互いの人間関係の中にパワープレーが入り込みやすくなります。最後には個人的な魅力「カリスマ」

図12　パワープレーの問題点

①選択肢が少なくなる
・譲歩するかしないか？
・要求を認めるか否か？

②紛争を悪化させる
主張の応酬→紛争（戦争、裁判）へと発展
（力による解決）

③心理的対立が持続する
パワープレーによって、一方の当事者の不満・怒りは長く持続する

です。第三者に対して非常に強い影響力を与える人物との人間関係がパワープレーに変質するのは、よく見られる傾向です（アン・ディクソン『それでも話し始めよう　アサーティブネスに学ぶ対等なコミュニケーション』クレイン、２００６年、23頁参照）。

２　パワープレーの落とし穴

その１――二つに一つで割り切ろうとする

パワープレーには三つの問題があります。第一にパワープレー型の交渉になると、譲歩するか、しないかという二分法の交渉になりがちです。そのためお互いが利益を分配し合うという交渉をすること以外の選択肢がありません。交渉によって利益を拡大するという発想に乏しいため、駆け引き重視の交渉が展開されることになる

のです。

その2――決裂をにおわせる

第二に、パワープレー型の交渉者は、交渉を全て力関係で判断します。自分が強い立場にあると考えると、自分の主張の正当性だけをひたすら主張します。この種のタイプの交渉者は、交渉決裂のリスクをちらつかせて、交渉相手に譲歩を迫ります。

すなわち、「自分はあなたと取引をしなくても充分にやっていける。だからあなたとの契約は、いつ解消しても構わないのだ。契約がなくなったときに困るのはあなたでしょう。だから、契約を維持したいのなら、私の要求を受け入れたほうがいいですよ」という交渉スタイルがパワープレーヤーの基本戦略です。

この種のパワープレーヤーのなかには、比較的ソフトなアプローチをとる人もいます。たとえば、こちらに配慮しているように見せかけたり、丁寧な言葉遣いで強いプレッシャーはかけないものの発言内容は決裂のリスクを強調したり、あるいは見かけ上は交渉相手に対して、いくつかの選択肢（オプション）を提案するものの、基本的に得をするのはパワープレーヤーの方だけ、といった選択肢でしかないといったやり方です。

特に、パワープレーヤーの提示する選択肢には、相手のアイデアを取り入れる気持ちがほとんどないため、交渉相手の修正提案や代替案に対して、きわめて消極的です。もともと、交渉相手のアイデアや発想について懐疑的なため、パワープレーヤーの交渉は、必然的に選択肢の幅が狭くなります。

その３――世界は自分中心という思い込み

このパワープレーヤーが苦手な交渉は、自分の正当性の主張だけでは解決できないような、複雑かつ困難なコンフリクト（紛争）が発生している場合の交渉です。このような場合、相手に譲歩を迫る交渉では、当然、相手も反論し、抵抗するわけですから、議論は平行線になります。さらに悪いことに、パワープレーヤーの交渉は、信頼関係の醸成もうまくいきません。そのため相互不信が高まります。結果的に紛争は悪化して、最終的には訴訟に発展したり、国家間の紛争では武力衝突を引き起こすといった結果になるのです。

そして最後に、パワープレーでは、仮にそのやり方で自分の利益を確保することができて、相手に「勝利した」としても、満足しているのはパワープレーヤーだけです。交渉相手は、強い反感や心理的な反発を感じています。交渉相手は、いつかパワープレーヤーに復讐したい、報復したいと思うでしょう。あるいは、パワープレーヤーとの関係を将来的には解消してしまいたい、と思うようになります。このようにパワープレーヤーは、持続的な契約関係を締結するような交渉には向いていないのです。

3　交渉と対話

ワンパターンな交渉スタイル

パワープレーヤーの交渉スタイルは、比較的ワンパターンです。その基本形は、自分の強さに依存し相手を威嚇するというものです。威嚇の手段は簡単で、決裂時の利益、つまり交渉相手に比べて自分は失うものがない、そのためあなたよりも私がはるかに強いのだと誇示するというものです。基本的には、相手に譲歩を迫るという姿勢を崩さないのがパワープレーヤーの特徴です。このような交渉スタイルに決定的に欠けているのは、「対話」という発想なのです。

会話と対話

会話と対話の違いは、「まえがき」のところで、簡単に説明しました。ここでは、もう少し、丁寧に説明しましょう。会話（Conversation）は、できるだけ長い間、その場にとどまって、関係性を維持するコミュニケーションです。できるだけ長い間、話を継続するためには、意見の対立や議論は避けた方がよいでしょう。そのため、対立しやすい話題、たとえば政治的な話題、現在の経済情勢についての話題、さらには人種や宗教といったお互いの価値観や倫理観に直接関係するような話題は避けなければいけません。お天気の話題は、最も差し障りがないというのは、よく聞く話ですね。会話の最大の目的は、お互いに相手に対して敵意がないこと、お互いの関係は良好なものであることを理解し合うものであって、楽しい雰囲気や、その場にとどまっていることの快適さを演出することになります。

交渉は対話である

これに対して「対話」（Dialog）とは、お互いの意見の相違があることを前提とするコミュニケーションです。お互いが争点について自分の意見を開示し、どちらか一方の意見に屈服するのではなく、お互いの意見の長所や短所を踏まえながら、納得いくまで議論を続けていきます。最終的には、互いの争点や論点に関して、お互いの意見の相違を克服する新しい価値（アイデア、発想）を見出していくのが、対話のダイナミズムです。対話と会話は、英語では、Dialog と Conversation となり、全く異なる単語ですが、日本語では、対話と会話、ということで、単語が似通っているため、なんとなく両者を混同して理解されていることが少なくありません（対話と会話の違いは、平田オリザ『わかりあえないことから―コミュニケーション能力とは何か』講談社現代新書、２０１２年、94頁以下の整理が参考になります）。

会話だけでは交渉は終わらない

日本人の交渉に対する誤解の多くは、「交渉は会話の延長線上にあるものだ」と考えているところから発生しています。確かに交渉の導入場面では、会話から入ってもかまいません。それは、お互いの雰囲気を和ませ、積極的な意見交換をする土壌を作っていくことになるからです。

しかし価格や条件の提示が行われて、お互いの立場の違いが鮮明になってきたとき、対話に切り替わっていく必要があるのです。そのような状況にあってもなお、「会話の雰囲気を維持して、できるだけその場の雰囲気を崩さないようにしたい」「できるだけお互い対立することなく丸く収めたい」という発想にとらわれてしまうと、お互いの雰囲気を維持するために、自分が譲歩してしまうようになってしまいます。交渉は、必ずどこかの段階で、明確に会話から対話に移行せざるを得ません。交渉というのはお互いの意見が違っていて当たり前なのだ、という対話の基本原則を忘れてはいけないのです。

パワープレーヤーは対話が苦手

ちなみにパワープレーヤーは、本質的に対話が苦手です。パワープレーヤーは、一般に自尊心が強く、自分の意見や価値観に対する防衛本能が強いので、自分の意見を受け入れてくれるか否かに強い関心を持っています。そして、自分の意見を受け入れさせるためには、自分の優位性を強調しなければならないので、敵対する相手に対しては威嚇するしかないという発想にとらわれています。そのため、相手の価値を理解しようという意識に非常に乏しいのです。残念ながらこのような相手は目先の利益を獲得できますが、中長期的な利益を得るような交渉や、対立を超えてお互いの信頼関係を構築していくような交渉には向いていません。

交渉における対話は、どちらかの意見や主張が正しいか、間違っているかを決定するようなものではありません。交渉における対話は、意見の相違を確認して、そこを出発点にして、新しいアイデアや発想で問題を解決しようというものです。交渉相手のアイデアを活用しながら、お互いにとって利益のある選択肢を形成します。どちらかが優位に立って相手を従属させなくても、自分が満足できる合意を形成できるのです。そのためには、まず交渉の現場で、相手と向き合って対話を恐れないことが肝心です。意見の対立や立場の相違という状況下に身を置いて、相手に正面から対峙することが、対話の基本姿勢なのです。

4　交渉相手ときちんと向き合うこと

ではパワープレーに陥らずに交渉していくにはどうすればいいでしょうか。まずパワープ

図13　パワープレーからの転換

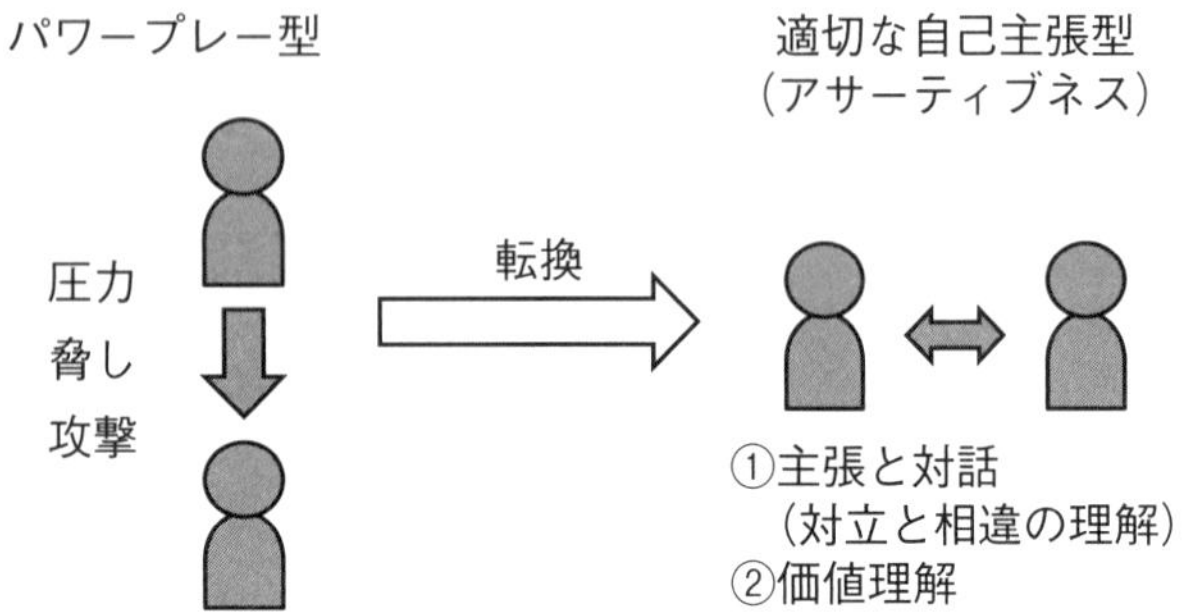

レーに対して、パワープレーで対抗しない新しいやり方が必要になります。そのための3つのポイントについて説明しましょう。

ポイントその1――パワープレーには譲歩せず

交渉相手がパワープレーヤーであって、私たちにパワープレーを仕掛けてきたとき、たとえば、強硬な要求を突きつけ、受け入れなければ交渉決裂も辞さないという姿勢を見せたとき、私たちは、パワープレーヤーの戦術に乗ってはいけません。私たちは相手に対抗して、パワープレーに陥らないことが重要なのです。交渉相手を批判せず、冷静に自分たちの主張を維持し、そしてパワープレーヤーの主張を理解することだけに神経を集中させます。相手の意見を理解した上で、はじめて有効な対応策が検討できるのです。こちら側は、相手に対して何かを主張する場合には、かならず、①自分たちの主張や要求の内容と、②なぜ、その提案が合理的なのか、という理由、そして、③この提案によってお互いの合意がどのように変化するのか、特に交渉相手にどのようなメリットがあるのか、という3点セットで交渉相手にアプローチします。

このような提案は、パワープレーヤーに対して敵対的でもなく、また卑屈に従属するのでもなく、一貫して自分のスタイルに基づいた適切な主張です。これはアサーティブな主張ということもあります。合理的な主張と言い換えてもいいかもしれません。相手がどのような態度であろうとも、こちらは合理的な主張を続けるという姿勢を見せ、それによって、交渉相手が仕掛けたパワープレーというゲームの中では、私たちはいかなる情報も妥協もしないのだということを相手に理解させるのです。この第一段階をクリアしない限り、パワープレーヤーとの適切な関係構築は不可能です。

なおここで注意しなければならないのは、交渉相手であるパワープレーヤーの態度を改めさせようとか、相手の発想それ自体を変えていこうと思ってはいけないのです。そもそも、他人の態度を変えることは非常に難しいのです。コントロール可能なのは自分の行動だけです。この手法は、自分の行動を変えること、すなわち、私たちはあなたのルールでは妥協しませんよと伝えているだけなのです。これは、相手に変化を求めるのではなく、自分が変化することによって、相手に新しいルールへの参加をうながす、という手法です。一見、間接的なやり方のように見えますが、直接、交渉相手を変えようというアプローチよりは、はるかに効果があります。

ポイントその２――相手を理解するためのポイント

次に、プレーヤーの主張をできるだけ丁寧に聞くというアプローチが必要です。ちなみに、パワープレーヤーの意見に対してコメントしたり、批判や反論をすることはもちろん構いません。

しかし、反論の仕方には注意が必要です。パワープレーヤーは、自分の意見を防御することが上手です。したがって、単なる批判や反論程度では、簡単に切り返してきますし、その種の敵対的な態度には、さらに強硬な形で力による抑圧を仕掛けてきますので、ますますパワープレーの構図の中に引きずりこまれてしまうのです。

しかし、パワープレーヤーの提案をじっくりとこちらが聞き、そしてその提案内容をよく理解しようという姿勢で質問をしたとしましょう。パワープレーヤーに詳しく説明させるというスタイルの質問です。これは効果があります。

パワープレーヤーは、交渉相手をなんとかして説得したいと考えていますから、質問を好機ととらえて交渉相手を説得しようと考えるでしょう。その時に、パワープレーヤーは饒舌になり、かなり詳しくこちらの質問に答えようとします。その時にあえて反論しようとせず積極的に相手の考えていることを説明してもらうことが重要です。そして、その説明を理解しようとする姿勢を見せます。「なるほど」とか、軽く相づちを打ちながら、交渉相手の話を聞きましょう。ただし、注意しなければいけないのは、理解することと譲歩することが異なるということです。ちょっとした戦術としては、相手の話の内容の中で、私たちに不都合な内容が出てきたときは、あえて相づちを打つのをやめたり、「なるほど」といった発言を行わず、沈黙すると効果があります。

パワープレーヤーは、一般に、交渉相手に対して強硬な姿勢をとっていても、どこかで交渉相手から何らかの承認を得たいと考えています。それは、自分の意見を認めてほしいという承認というよりは、むしろ自分自身の存在意義や、自分の優秀さ、そして自分が交渉上手であることを承認してもらいたいという欲求です。このような承認欲求の強いパワープレーヤーは、こちらの反応に対して強い関心を持っているのです。したがって、傾聴しつつも、ところどころで相づちがなくなると非常に不安になるのです。

このように、パワープレーヤーの意見の内容をできるだけ理解しようとするが、譲歩はしないというスタイルを維持することに全神経を集中させましょう。このような交渉スタイルは、パワープレーヤーにとってかなりの脅威となります。もしかすると、最初、パワープレーヤーは、いつものやり方が通用しないために、苛立ちをみせ、決裂をちらつかせたりするかもしれません。しかし、こちらがそれに対抗してパワープレーで応じたりしない限り、パワープレーヤーの打ち手はなくなってしまいます。次第に、今日は、いつものやり方では通用しないかもしれない、ということに気づくはずです。

これは、相手のパワープレーに対抗して、相手をやりこめるよりも、はるかにスマートな交渉手法です。パワープレーヤーとの関係を変えたいのであれば、この交渉の手法を何度も、相手に質問という形で間接的に提案していく以外に道はありません。このプロセスの中で、交渉相手との関係を徐々に変更していくほうが、効果があります。

ポイントその3――交渉相手に考えさせる

また、パワープレーヤーに対する有効な質問として、相手の主張を真っ向から否定するのではなく、「あなたのご提案を受け入れた場合、最終的にどのような合意内容になるのか教えていただけませんか」といった質問が効果的です。

パワープレーヤーの提案を前提にすると、どのような帰結になるのかをパワープレーヤー自身に説明させるのです。当然こちらに不利な帰結が想定されます。そして、そのことをパワープレーヤー自らの口から説明させることに効果があるのです。なぜなら人間は、一般的に自分は他人よりも公正であると考えています。パワープレーヤーも同様です。理不尽な主張をするパワープレーヤーであっても、案外、自分は公正な人間であり、自分の主張は交渉相手にとっても公正なものだと思っているものなのです。

したがって、交渉相手に著しく不利な帰結をもたらす結果になることを、そのままはっきり伝えること、それも自分自身で説明することには、多少の抵抗があります。しかし、あえてその説明を求めることによって、パワープレーヤーの主張がこちらにとって受け入れがたいものであることを、相手に気づかせることができるのです。

また、相手の提案が合意内容にどのような影響を与えるのか、そしてそれによってどのような利益が生み出されるのか、あるいは利益が失われるのか、といった点は、交渉相手に説明させることによって、争点を明確化することができます。仮に、交渉相手が、こちらに不利な帰結になることを堂々と説明し、それに対してとくに感情的な動揺を感じていないとしても、説明させることそれ自体に価値があるのです。

5　交渉相手はモンスターではない

勝手な思い込み（Over estimation、当て推量）に注意

パワープレーヤーとの交渉において、私たちが気をつけなければいけないことはもう一つあります。それは、私たち自身が気をつけるべきことです。それは、パワープレーヤーであっても、その交渉相手をモンスターにしてしまわないようにすることなのです。例えば次のような例を見てください。

「交渉相手は、私たちに対して、見積書からさらに10％の値引きを要求した」

「交渉相手は、私たちに対して、見積書からさらに10％の値引きを要求した。これは私たちを軽く見ているからに違いない」

この2つの文章の違いは明らかです。最初の文章は相手の要求を客観的に伝えているだけです。特段、価値判断は入っていません。しかし後者の文章はどうでしょう。「私たちを軽く見ているから」という価値判断が入っています。この「軽く見ている」という価値判断から、交渉相手の発言をことさらに、我々にとって不愉快なものにしてしまっているのです。

交渉相手をモンスター化

しかし、冷静に考えると、「軽く見ている」という判断はどこから出てきたのでしょうか。これが交渉における相手のモンスター化現象です。相手に対する推論が度を超しているという思い込みです。このように交渉相手に対して私たちは簡単に原因を作り上げ、自分に都合のいい形で交渉相手を簡単に評価しようとします。このような相手のモンスター化は、交渉相手のごく一部の行動や仕草、表情といったものを深読みしすぎるか、勝手な思い込みが強すぎる場合に発生しやすくなります。むしろ相手のモンスター化現象は、交渉相手の表情をじっくり観察することによって作られるのではなく、交渉相手をほとんど観察せず、自分の勝手な思い込みで幻想を作り上げているだけなのです。

相手の提案・発言内容に集中

ビジネス交渉では、交渉相手の表面的な態度よりも、交渉相手の発言内容に着目した方が、判断のミスを防ぐことができます。ビジネス交渉の場合、その合意内容は、文書によって確定されるのが一般的です。したがって、表面的な態度から相手の意図を読み取れなくても、あわてる必要はないのです。合意内容を検討する中で、交渉相手の真意や意図を確認する機会はいくらでもあります。交渉相手の表面的な態度に振り回されて、相手の姿勢や態度を見誤るくらいなら、むしろ相手の発言内容に徹底して着目し、その発言内容の合理性に注意を向けた方が、はるかに交渉のマネジメントとしては効果的なのです。

交渉相手に対する噂や評価は、無視したほうがいい

特に注意しなければいけないのは、あなたが直接見聞きしたものではなく、第三者が交渉相手に対して語った印象など伝聞情報に基づく交渉相手の印象の形成です。このような伝聞情報は、ほとんどあてにならないと思って交渉したほうがいいでしょう。ビジネスの交渉では、相手の発言内容について合理性があるかどうかに焦点を絞るだけでも大変なことです。まずそこに焦点を合わせた方が交渉で成果を上げる確率が高まるのです。

第４章　交渉戦略を立案する

――事前準備の方法論

1　準備八割、まずは準備から

悩む前に準備する

私たちは、交渉しなければならない状況に直面すれば必ず、「さて、どうしようか。どうすればうまく交渉できるだろう」と考えることになります。交渉の前に、いろいろ思い悩むのは人の常です。たとえば、「いつ価格の話を切り出そうか」とか、「条件の変更はどのように説明すれば良いか」といった条件や中身の話だけではなく、「私の提案を聞いて、相手が怒り出したらどうしよう」とか、「交渉が決裂したらどうしよう」といった不安もつきものです。事実、交渉しているときよりも、その前のほうが、ストレスがたまるのかもしれません。交渉前には、あまり交渉のことを考えたくない、と思うのも無理もないことです。

しかし交渉学では、必ず交渉前の事前準備からスタートさせるべきだと考えます。交渉前の準備によって、①交渉中、不意な相手の提案や、こちらをだまそうとする汚い戦術に惑わされないようになる、②交渉に期待する成果をあらかじめはっきりさせることで、その場の雰囲気に流されて安易に譲歩する危険が少なくなる、③あらかじめ交渉の進行を予想して、事前の段取りを決めておくことで、交渉を効果的に進めることができる、といったメリットがあるからです。

ファイブ・ステップ・アプローチ

しかしそうはいっても、交渉前の準備は、なかなかしんどいものです、日常の業務に追われていると、交渉の準備をする余裕がないということも多いでしょう。そこで、交渉前に最低限押さえておくべき考え方を紹介しましょう。

交渉前の準備には、いろいろなやり方があります。ここではそのなかでも、最も効率的で効果的なファイブ・ステップ・アプローチ（Five Step Approach）、日本語にすると、「五つの階段方式」を紹介します。階段を一段一段あがるように、順番に準備していきます。最後まで準備したら、一度準備したことをすべて眺めてみて、必要があればいくつか修正、変更するこ

図14　事前準備のファイブ・ステップ・アプローチ
（Five Step Approach）

①状況の把握（状況把握）

②ミッション

③自分の強みを探す

④ターゲティング

⑤合意できなかったらどうするかを考える（BATNA）

とも可能です。この五段階のアプローチをとることによって、全体から細部へと意識を向けることができるようになります。交渉では、大局観というもの、すなわち交渉によって目指すべき利益に焦点を向けることが重要です。しかし、多くの交渉では、価格の交渉や特定の条件の駆け引きに夢中になってしまって、この全体最適を忘れてしまいます。一つ一つの合意はできたものの、全体として自分の目指す合意になっていないという部分均衡の状態から、全体最適の状態に視点を切り替えるためには、事前準備で交渉全体を俯瞰《ふかん》することが重要となるのです。

完璧な準備でなくてもよい

なお、時間が限られていて十分な準備ができないときは、頭の中でこのアプローチを思い浮かべるだけでも効果があります。この準備には最低、何分必要だといった制約はありません。時間がない人は五分でもいいので、まず、やってみてください。五つすべてができなくても、たとえば、状況把握とミッションだけ準備することができたというだけでも効果があります。五つの階段すべてをこなさなければならないという完璧主義を捨てて、まずひとつだけでも準備をしてみましょう。それだけでも効果があるはずです。

では、このファイブ・ステップ・アプローチを簡単にご紹介します。

2　ファイブ・ステップ・アプローチのポイント

階段その1――状況の把握

人間は、不愉快な事実、自分に不利になる現実はできるだけ見たくないと思うものです。しかし、不都合な事実を見なかったことにして、安易な対策だけを立てることは、危機管理ではやってはいけないことです。そして困難な展開が予想される交渉も、同じ過ちを犯してしまう危険があるのです。ただし、単に冷静に客観的に状況を把握することが大切だと言われても、実際にどうすればそのように冷静になれるのか、わからないはずです。状況把握では、冷静に分析するための視点も提供します。なお、この状況把握のスキルは、交渉の性質や重要度に応じて、組み合わせて使うことができます。

階段その２――ミッション

「ミッション」とは、交渉を通じて最終的にどのような利益を獲得したいのか、あるいは合意によって、どのような新しい価値を生み出したいと思っているのか、に関するイメージのことです。すなわち、「何のために交渉をして、交渉して合意することによって、最終的にどんな問題を解決したいのか」ということです。

例えば、ある病院がタブレット端末を導入しようと思い業者と交渉する場合、そのときのミッションは何でしょうか。この場合、一台をたとえば、１万５千円で調達したいと考えていたとします。これはミッションでしょうか。そうではありません。この場合のミッションとは、この端末を導入することが、組織にとってどのようなプラスになるのか、すなわちタブレット端末の導入によって、たとえば無駄な書類業務を削減して、効率化を図ることができるといった業務効率の改善や、患者やクライアントの症状や要望を全員が共有してよいサービスを提供することができるといった医療サービスの改善といったことが、ミッションとなるわけです。

しかし、現実の多くの交渉はミッションを考えずに、単にタブレット端末を安く買えばいい、あとで細かいことを考えようといった短期的な視点で交渉してしまいがちです。これを避けるためにミッションは必ず、準備する必要があるのです。

階段その3――自分の強みを探す

交渉結果が賢明な合意であるためには、双方の利益が反映されている合意であること、そして、その中に自分の利益が最大限反映されていることが求められます。そのためには、できるだけ新しい選択肢や条件を作り出して、お互いの対立点を克服し、一方的な譲歩ではなく、何らかのメリットと引き替えに条件を変更するという建設的な譲歩を繰り返す必要があります。

このなかでコアになるのが、選択肢の形成（クリエイティブ・オプション、創造的選択肢の形成）です。しかし、創造的選択肢とは何かといわれると、意外と曖昧な説明に終始してしまうことが多いのです。ここでは、交渉中に創造的選択肢を駆使するために、まず自分の強みを明確にすること、そしてその強みをできるだけたくさん用意しておくことを重視します。これは、ミッションに続いて非常に重要な準備です。交渉では、自分を守る最大の武器は、自分の強みでしかありません。そして、交渉相手がほかの誰でもなく、あなたと交渉したいと思っている本当の理由は、あなたの強みに魅力があるからなのです。この自らの強みをどこまで駆使できるかが交渉の成否を左右します。そこで事前に、自分の強みを「棚おろし」する必要があるのです。強みを探すことは、自分を取り巻く状況が不利な場合にもその威力を発揮します。交渉の逆転劇を生み出すのは、常に強みからなのです。

階段その4――ターゲティング

ミッションや自分の強みを考えてから、いよいよ協議すべき事柄（協議事項）について、具体的な目標の設定を行います。実は、ほとんどの人は、交渉の準備というと、「さて金額はどうしようかな」と、いきなり、ここから始めてしまうのです。しかし、金額にせよ、納期や性能、オプションの条件についても同じことなのですが、交渉では、最終的に自分の利益が最大化できるかどうかが一番大切なのですから、個別の条件の前に、大きな方向性を決めておく必要があります。このターゲティングについては、①交渉で話題になる協議事項を特定する、②協議事項に関して、相手に対する提示条件（金額）について決定する、③自分が譲歩できる最低ライン（金額の場合は、これを留保価格（Reservation Price）と呼びます）を決める、という3段階のアプローチがあります。

階段その5――合意できなかったらどうするかを考えておく

交渉は合意を目指すものです。しかし逆説的ですが、効果的な合意を形成するためには、あらかじめ合意できなかったときの打ち手を考えておく必要があるのです。これを英語でBest Alternative to a Negotiated Agreement略して「BATNA（バトナ）」と言います。簡単に言えば、先ほどのタブレット端末を導入するという事例の場合は、必ず複数の業者から見積もりを取るというようなことが、このBATNAの考え方のひとつです。しかしBATNAとして、例えばタブレット端末を購入するのをしばらく見合わせるといったことも考えられます。このBATNAが非常に弱いとき、あるいはほとんどBATNAがないように見えるときに、いかにしてBATNAを見つけるか、あるいはBATNAをどのように強化していくのか、その手法を交渉学ではいろいろと研究しています。逆説的ですが、どんな交渉でも決裂する可能性を考えて、決裂時の対応策であるBATNAを用意することが、交渉の合意の質を引き上げることになるのです。

五つのステップをさらに詳しく説明しましょう。

3　状況把握

現在地の確認をする

交渉に限らず、私たちはまず何かを始めるときに、自分の現在地はどこなのか確認するはずです。あたりまえのことのようですが、自分が現在どのような状況に置かれているのかを理解することが適切な交渉を進めていく上で不可欠なのです。

図15①　状況を把握する

敵を知り、己を知れば、百戦して危うからず

謀攻編第三『孫子』（岩波文庫）52頁参照

⇩

自分の状況を把握して、相手の準備を予測する

①自分の状況を把握する

②交渉相手の立場になって、相手の準備内容を予測する

③交渉中に状況をアップデートする

しかし、人間は、現状を冷静に、そして客観的に把握することが必ずしも得意ではありません。自分たちが有利な立場にいる場合、状況把握は比較的よく行なわれます。しかし、自分たちが不利な状況にある時や、困難な局面に遭遇した時には、現状について自分たちに都合のいい面だけをつまみ食いして都合のいい状況にしてしまう危険性があるのです。

状況から始めよ

企業不祥事では、初期段階で正確な状況把握を怠ったあまりに、事態の収拾の機会を失ってしまったということが少なくありません。私たちは自分にとって都合の悪い状況が発生すると、その事実をなかったこと、つまり否認しようとします。否認がうまくいかない場合は、次第にその事実に対して批判的になっていきます。

正確な状況把握とは、非常に難しいことなのです。では

どのように正確な状況把握を行っていくことが望ましいのでしょうか。「冷静になれ」「客観的な視点を持って分析しろ」といった精神論では何ともなりません。

自分が冷静ではない時や、あわてている時にあってもなお、客観的な状況把握ができるように工夫する必要があります。状況把握の3つのポイントについて説明しましょう。

①利害関係者は誰か

まず、今回の交渉に関わっている利害関係者は誰かをすべてリストアップします。これによって、交渉に関係する人たちを把握します。ビジネス交渉では、交渉に関わるプレーヤーが多数存在します。その人たちが交渉によって何らかの影響を受けると同時に、交渉にも影響を与えているのです。まず、このようなプレーヤーたちを全員把握することが重要です。複数の企業が関係している場合には、できるだけすべての企業をきちんとリストアップすることが重要です。正確な状況把握をする意味でも、自分が頭の中で考えている利害関係者を全て紙の上にリストアップすることが重要になります。

これをやることで、いろいろなことがわかります。例えば目の前の交渉相手が非常にやりにくい相手であったとしても、交渉に関係するプレーヤーを全てリストアップすると、目の前の相手だけに着目することなく交渉を進めることができるようになります。たとえば、利害関係者に働きかけることによって、目の前の交渉相手との関係を改善したり、目の前の交渉相手にプレッシャーをかけたりすることができるかもしれません。

またリストアップした利害関係者を眺めていると、自分の考えている合意内容で不利な立場に置かれるのが誰か、といったことが予想でき、これから進めていく契約の障害を早めに見つけることができます。

さらに、交渉相手が一番気にしている利害関係者（交渉相手の上司、取引先など）が見えてきます。このように利害関係者は誰かという整理は、交渉を大きな視点から見つめる上で非常に効果的です。

②交渉を取り巻く外部環境

今回の交渉を取り巻く外部環境（社会情勢や経済状況）は何かを考えます。具体例で考えてみましょう。例えば、先ほどの病院のタブレット端末調達交渉の外部環境について考えてみたいと思います。この交渉の背景事情、特に、なぜこのような調達交渉を始めようと思ったのかを考えてみると、たとえば、学校や医療の現場で導入が進んでいること、端末が安くなってきたこと、簡単にソフトウェアが手に入り、そしてカスタマイズできることといった要因が上がってくるかもしれません。しかし、実際の交渉開始の動機が、自分たちのライバルがタブレット端末を導入するという話を聞いたことによって、導入が検討されるようになったということであればどうでしょう。このように、交渉は様々な外部環境や外部要因（コンテキスト（Context））に影響されています。

この外部環境のうち、どれが一番、今回の交渉に強く影響しているのかを考えると、その交渉の必要性や重要性が見えてきます。たとえば、ライバルのタブレット端末導入が、今回の交渉の重要な要因だった場合、「本当にそれだけの理由で導入すべきなのか」「本当に必要なのか」という疑問が出ています。そうしたとき、たとえば、今回の交渉では、試験的に導入してみる、あるいは、必要性について現場にヒアリングしてから交渉するという対応が可能になるわけです。このように交渉の外部要因に目を向けてみることが重要です。

③交渉を図式化

冷静に状況を分析するためには、状況を可視化するのが効果的です。利害関係者をピックアップし、交渉に影響を与えるいろいろな外部の状況を把握したら、それを一枚の紙にまとめてみると、さらに状況を正確に理解することができます。

交渉の図式化に特にルールがありません。交渉に関わる人間関係を図式化したり、自分たちの求める条件を簡単に一覧表にするといった形でいろいろな図式化が可能です。ただし、状況

図15②　交渉の背景にあるもの

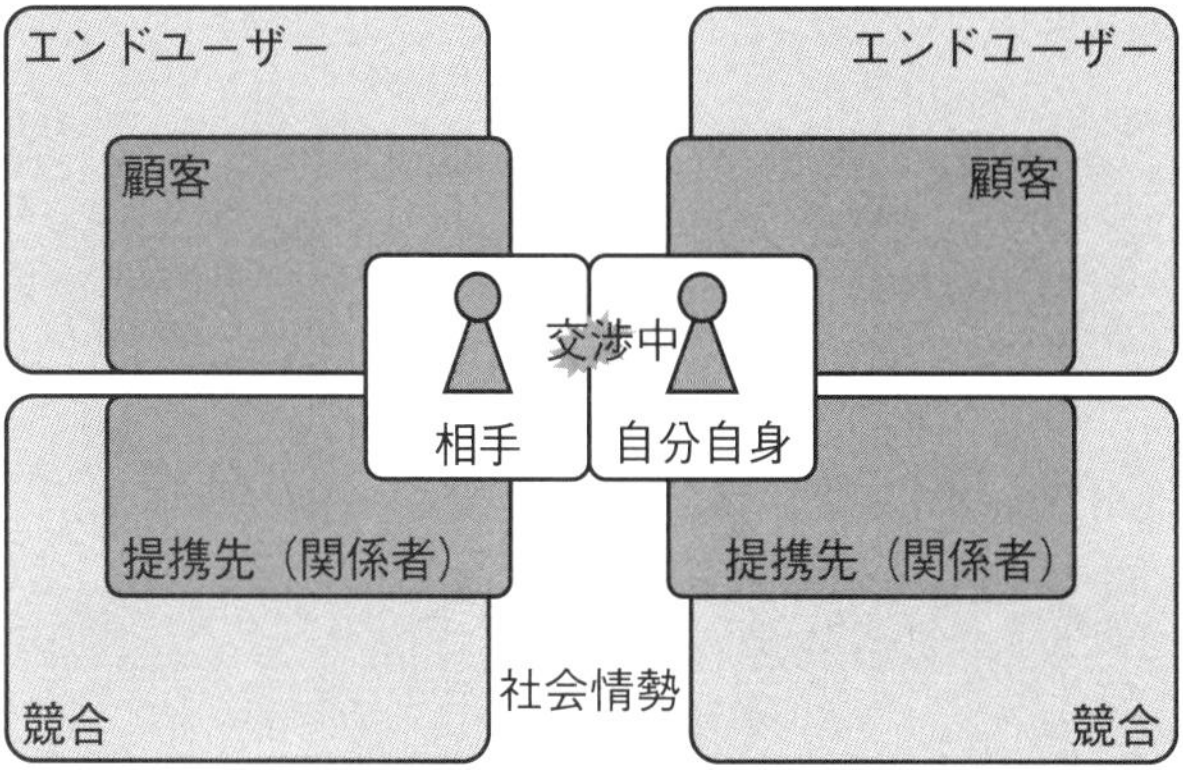

把握の中で最も効果があるのは、利害関係者と外部要因が一目で分かる一覧表になった図式です。交渉のマトリクスと呼んだりしますが、このような可視化を試みることも有益です。

4　ミッション

ミッションとは

交渉を効果的に続けるためには、交渉の中にひとつの軸となるもの、すなわち交渉の全体を貫く基本方針が必要です。私たちは、これを「ミッション」と呼んでいます。ミッションというと一見わかりにくいかもしれません。しかし、グローバルに通用する交渉をするためには、このミッションという考え方が非常に重要となるのです。

最後のよりどころ

ミッションは、日本語では、使命、義務といった意味の言葉です。より具体的には、人間が果たすべき崇高な目標、もしくは自分が生きるためのよりどころといった意味を持っています。交渉においても、この交渉を通じて何を果たすべきなのかということを考えなければいけません。すなわち、この交渉を通じて、私たちの会社は、今後どのような発展を遂げるべきなのか、あるいは個人として、この交渉を通じて何を実現したいのか、あるいは何を獲得したいと考えているのか、このようなことを考えるのがミッションの役割です。

では逆に、ミッションとは正反対の発想とはどのようなものでしょうか。それは、例えば、上司の指示があったから交渉をしなければならない、契約をとらないと売り上げにつながらないから交渉しているのであってそれ以上でもそれ以下でもない、といった考え方です。

ミッションは自分で作り上げるもの

ミッションというのは、受動的なものではありません。例えば、誰かに交渉するように命令されたから交渉するというのは、自分が交渉する外部的な要因についての説明でしかありません。ミッションとは、交渉という手段を通じて、何かを実現しようとする発想があって、初めて生まれてくるものです。では、具体的に、ミッションの効果的な作り方について説明しまし

図16　ミッションを作るためのチェックリスト

1	□	自分たちの会社・組織の経営理念（ミッション・ステートメント）を確認する
2	□	自分たちの会社・組織の事業戦略を確認する（中期計画など）
3	□	今回の交渉の契機となったものは何か、確認する（新技術、新製品登場、新規市場開拓など）
4	□	この交渉に対する社内の期待や考え方を確認する
5	□	この交渉が仮に合意した場合、将来、この交渉結果に期待されるもの〔利益〕は何か、考える（１年後、５年後など）
6	□	この交渉に対する自分自身の期待や、この交渉に対する考え方を、確認する

よう。

組織のミッションは何か

・会社の経営理念

まず組織を代表して交渉することが多いビジネスパーソンの場合、会社の基本方針、経営理念を参照することからミッションを作り始めてみましょう。会社のために交渉し、会社に最終的に利益が帰属する場合であれば、どんな些細な契約交渉やわずかな部品の調達交渉であっても、その交渉内容が会社の基本方針や経営理念に適合していることが求められます。

・理念への貢献

そこで、自分が担当する交渉が果たしてどのような形で会社に貢献することができるのか、ということを考える必要があるのです。各企業が作成する経営理念や会社の事業戦略は単なる形式的な文章ではありません。全社員がその実現に向けて、日常業務の中で工夫しながら組織への貢献を考えることになります。この考え方は会社全体で行われている交渉の質を上げていくために不可欠な発想です。小さなネジ一つの価格交渉も、会社の基本方針に合致しているのかを振り返る姿勢を持つことが重要となります。

自分自身のミッションを考える

・何が期待されているのか

会社の基本理念や事業戦略を参照し、会社の全体的な方向性を確認した上で、今回の交渉はその企業理念や事業戦略のどのあたりに位置づけられるのか、そしてその上で、我々は交渉結果として何を会社から期待されているのかを考えていきます。言い換えると、自分が直面する交渉によって、会社にどのような貢献ができるのかを考えるのです。

・合意の先を見る

これを考えるときにヒントになるのは、合意後の状況を想像することです。最終的にこの合意によってどのようなビジネスモデルが構築されるのか、もしくはどのような利益が期待できるのかといったことを想像してみるのです。交渉のアウトプットを合意ではなく、合意した後にフォーカスし、最終的にビジネスがどのような形で実現されていくのかに目を向けていきます。

・ミッションですべてが決まる

この段階でいよいよ今回の交渉の中で生かすことができるミッションを作ることができます。このミッションは、できればじっくり考えたいところです。しかし時間がない時は、この交渉によって自分は何を期待されているのかということを自問自答するだけでも、かなりの準備が可能になります。ミッションとは、それを考えるだけでも効果があるのです。最初のうちは、ミッションが明確にならないこともあるでしょう。それでもかまいません。ミッションという概念を自分で考えること、それ自体に価値があるのです。

・現在、直面する交渉の価値がわかる

ちなみに、ミッションをじっくり考えていくと、交渉それ自体を取りやめた方がビジネスとして望ましいのではないか、といった発想が生まれることもあります。もちろん、困難な交渉が予想されるので、気が引けてしまい、交渉したくなくなり、なんとか交渉せずに済ませないか、といったような、問題から逃げるという意味ではありません。ミッションを熟慮していくと、交渉の価値がより鮮明になり、その結果、その交渉の価値それ自体に疑問が生じることがあるということなのです。

例えば歴史的な例ですが、平安時代の貴族で、学問の神様としても知られる菅原道真は、遣唐使を命じられたにもかかわらず、すでに衰退している唐に行くことのメリットを疑問視して、遣唐使の廃止を提言しました。遣唐使になることを命じられれば、普通ならば、どうやって唐に行くかを考えがちですが、「そもそも遣唐使は何のために実施するのだろう」と考えてみると、確かにこのような選択肢もあり得るわけです。現実的には、私たちは仕事で、「交渉しなさい」と言われて、「その交渉には意味がないからやめましょう」と提言することはまずないでしょう。しかし、そもそも何のために交渉するのかという問いかけは、交渉全体を見通す上で最も重要な概念になるわけです。これがミッションを持つことの意義だといえます。

5　強　み

強みを活かす

交渉に行く前に、自分の強みをできるだけたくさん用意してから交渉に臨みましょう。強みを把握することが、交渉の成功確率を引き上げる最大の要因です。では、なぜ強みだけでいいのでしょうか。

ここに大きなヒントが隠れています。強みとは、交渉相手があなたに対して魅力を感じる要素の一つです。交渉相手は、何らかの強みをあなたから引き出したい、そしてそれを自分のビジネスに利用したいと考えて、交渉に臨むものです。したがって、交渉の当事者以上に交渉相手の方が強みをよく知っていることのほうが多いのです。もし、交渉相手に何ら魅力がなければ、そもそも相手は交渉のテーブルにつくことすらしないでしょう。したがって、相手が期待している私たちの強みをいかんなく発揮しましょう。具体的な付帯条件や選択肢は、すべて強みからしか生み出すことができません。強みから生まれる選択肢だけが、交渉相手に訴求することになるのです。

そして、交渉での自分の弱みや、交渉相手に見せたくないところについては、準備しなくてもある程度、分かっているものです。それにそのような弱みは、交渉の現場ではあまり役に立つことがありません。まずは、強みを把握し、強みの活用に集中すべきです。

強みとは相対的なもの

では、強みとは何でしょうか。交渉における強みというと、圧倒的な商品力、あるいは圧倒的な競合他社に対する優位性といった絶対的な強みをイメージしがちです。例えば、「当社の商品は他社に類を見ない優れた商品です」といった説明ができれば確かに強みにはなるでしょう。しかし交渉における強みはそのような絶対的な優位性を探してばかりいると、見つからなくなってしまいます。独占企業でもない限り、絶対的な優位性を確保して常に交渉に臨むというようなことは、まずありえませんし、そのようなことを目指すのは非現実的です。

小さな強みをたくさん集める

そこで、交渉では他者に対して相対的に優位であるという程度、あるいは交渉相手は持っていないが私たちは持っているという意味での優位性、この程度の優位性をできるだけたくさん保有しておくことの方がはるかに有益です。例えばある商品を製造しているメーカーがあるとします。売り込みのための交渉をしたいと思い、強みを探そうとします。しかし、この商品はすでに多数のメーカーが製造していて、自分たちの会社のシェアもそれほど大きくなかったとします。圧倒的な製品特性もあまりなく、価格以外に訴求できる要素がないのではないか、と思ってしまうのです。しかし、競合他社と全く同一の製品を作っているわけではないとしたら、その差異に強みが隠れているかもしれません。あるいは、製品の強みはないものの、契約の内容、たとえば、納期や品質保証といった点において、他社よりもわずかでも優位性があれば、そこが強みとなります。

製品に関する情報を、競争業者よりもたくさん提供できるといった、ほとんど当たり前のようなことでさえ、交渉では使い方次第で、相手に訴求する強みとなり得ます。まず、この強みをできるだけ小さなものでよいので、数多く集めておくことが重要なのです。

そこで皆さんには、交渉前に自分たちの強みを10個以上列挙してから交渉に臨むことをおすすめします。10個も果たしてあるのだろうかと考える人は、「強み」と言う言葉を、絶対的な優位性のことだと思い込んでいるのかもしれません。

強みというものは、小さくて些細なものでもすべて強みになり、そして一つの強みも、いろいろな側面から見れば、いくつかに細分化できるものです。例えば、商品の価格が高いけれどもアフターサービスにおいて他社よりも強みがあるとします。仮にそのアフターサービスの分野でも、最近は競合他社がかなり追いついてきてそれほど大きな差がないという場合であっても、これを強みの一つとして認識しておきます。また、アフターサービスと一口に言っても、その中身は、電話相談から訪問修理、さらにはメインテナンスなど、細かく分けると複数の要素に分解することができます。このようにアフターサービスとひとくくりにせず、その中身を一つ一つブレイクダウンしてそれぞれを強みとしてカウントしていきます。このような強みのリストを持っていると、後で選択肢を形成するときに役に立ちます。

6　ターゲティング

ターゲティングとは

ミッションや強みを把握し、いよいよ具体的な協議事項それぞれのターゲティング（目標設定）を行うことになります。ここでようやく金額の目標設定、納期に関する具体的な期日の設定、購入数量の目標数値について検討することになるのです。

したがって、例えば500万円で販売したいという金額の目標、あるいは最初の販売目標5000個といった数値目標はミッションではなくすべてこのターゲティングの話ということになります。ターゲティングの中で最も重要となるのはおそらく価格になると思います。価格設定を例にとってターゲティングの具体的なやり方について説明しましょう。

提示金額の決定

まず、自分が交渉相手に提示する理想的な提示金額について決めます。ここでは具体的な数字を明確に決めておくことが重要です。なぜならここでの数字を曖昧にしておくと、交渉相手とのやりとり次第で相手にあわせてその場で譲歩してしまう危険性があるからです。目標設定とは、現場でのやりとりにとらわれて、不必要な譲歩をすることを避けるためにあります。従って提示金額は明確な数字で用意する必要があります。

留保価格

続いて、自分が譲歩できる最低の金額を留保価格（Reservation Price）といいます。留保価格の決定で大事なことは、この留保価格は目標ではないということです。これよりも安くなると自分たちにとって利益が出ないという最低防衛ラインになります。この留保価格を、「落としどころ」にしてしまえば、最も利益の出ない合意をしたことになるわけです。

選択肢

交渉は価格だけを協議するわけではありません。選択肢（Creative Option）と価格の組み合わせによって、交渉相手も譲歩の可能性を模索することができます。したがって、効果的な選択肢の提案を行うことが重要となります。これを創造的選択肢ということもあります。しかし、創造的といっても、交渉のアイデアは、それほど難しく考える必要はありません。まず、自分の強みを探していく過程の中で、相手に提案できる選択肢が自然と見つかってきます。強みを生かした選択肢を作ることが交渉の成功確率を引き上げ、不必要な譲歩を防ぐことができるのです（強みを生かした選択肢の具体的な作り方については、「第6章　最高の合意を作り出す交渉の進め方」で解説します)。

また、相手の立場から交渉を見つめ直すという視点も重要です。相手の視点から見ると、この交渉はどのように見えるのか、それを考えることで選択肢が充実します。たとえば、交渉相手の視点に立ってみた時、新装開店を控えて商品の納期に関心があることがわかれば、納期に関する選択肢を考えることが効果的です。

そして、できるだけ自分の利益を大きくするためには、選択肢と金額の提示を組み合わせて提案することが効果的になります。最初の提示価格の中で、たくさんのサービスを提供すると提示した場合、金額の譲歩と併せて、そのサービスも少しずつ減らしていかざるを得ないという提案は、ソフトウェア業界の交渉でよく見られる手法です。このように、交渉相手に対する選択肢は、ターゲティングと組み合わせて考える必要があるのです。

ZOPAとは

ちなみに、自分の留保価格と相手の留保価格の間、たとえば私の留保価格が700万円で、相手の留保価格が1000万円の場合、その間である700万円から1000万円をZOPA(ゾーパ、Zone of Possible Agreement、合意可能領域)といいます。

ZOPAは、自分の留保価格と相手の留保価格の差であって、事前にある程度予測すること

図17　ターゲティングは、縦・横の幅で考える

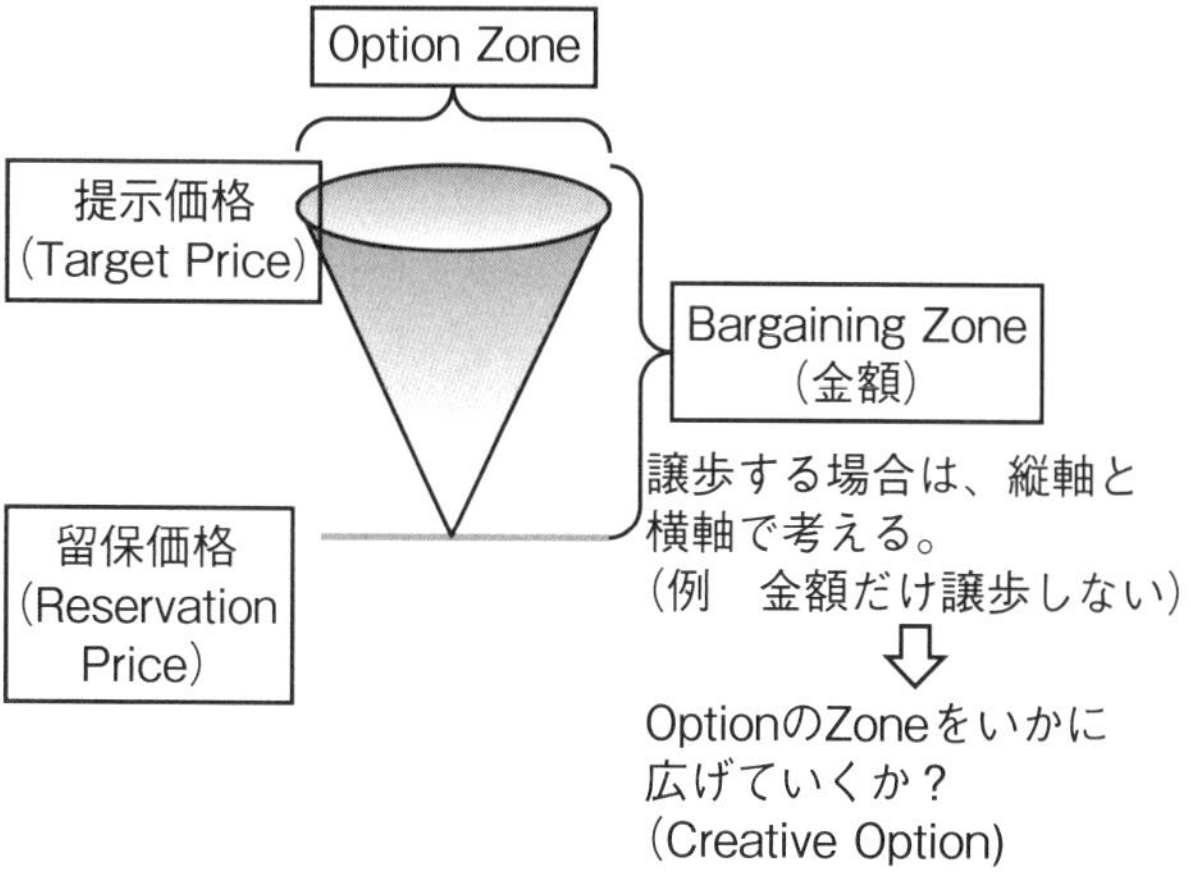
Option Zone
提示価格
(Target Price)
Bargaining Zone
(金額)
留保価格
(Reservation
Price)
譲歩する場合は、縦軸と
横軸で考える。
(例　金額だけ譲歩しない)
OptionのZoneをいかに
広げていくか？
(Creative Option)

があっても、実際の交渉の中で相手の留保価格を探りながらＺＯＰＡを見つけることになります。

合意は点ではなく、幅で考える

このＺＯＰＡという概念の意味するところは何でしょうか。それは相手にも留保価格がある、すなわちいま相手が提示している金額だけが提示可能な金額ではないということを理解して交渉すべきだというところでしょう。交渉では、必ず合意可能領域が存在するという発想を忘れないということです。相手の提示金額に対して二分法に陥らないためには、このような考え方が重要となります。なお、ＺＯＰＡは、交渉を分析するための説明ツールの一つです。合意可能な領域を幅でとらえることが大切だというこ

図18　合意可能領域（ZOPA、Zone of Possible Agreement）

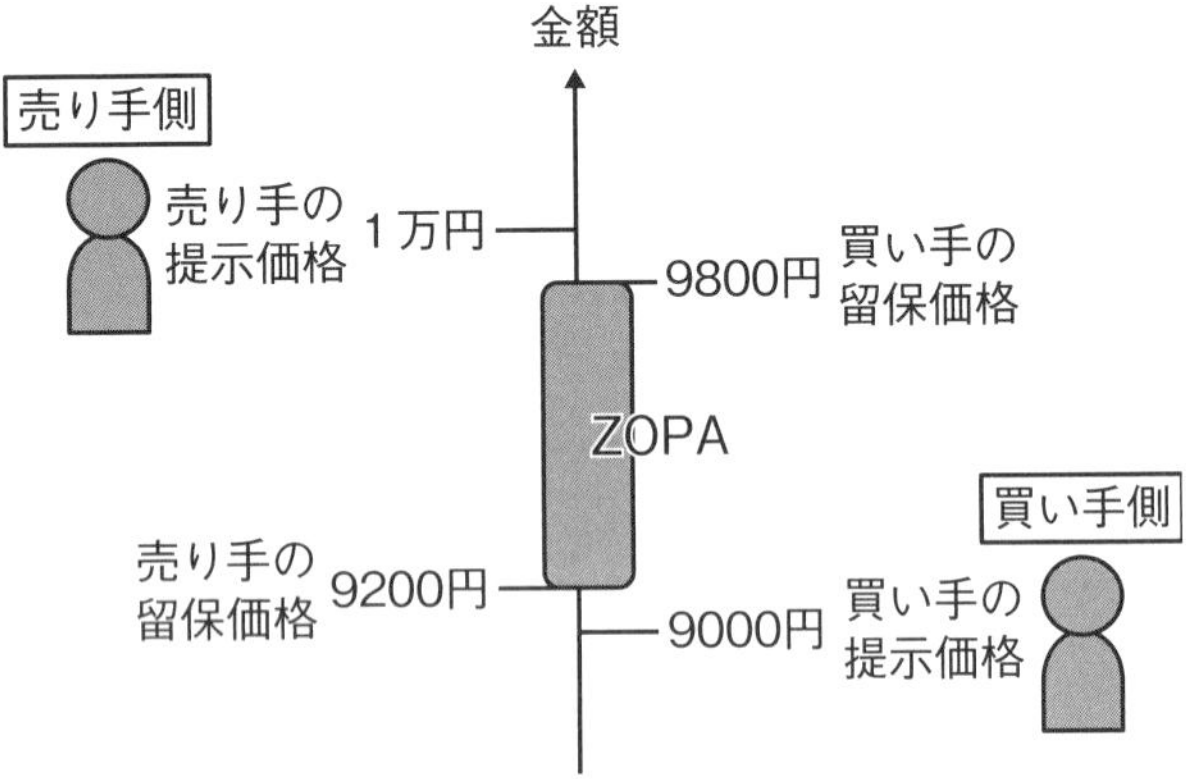

と説明しています。

ＺＯＰＡは一つの思考ツール

ただし注意が必要なのは、実際の交渉では、金額などの数値で決まる条件だけでなく、定性的な付帯条件との組み合わせによって、合意が形成されることです。この金額以外の要素が非常に大きいのです。理論的な分析を徹底するならば、ＺＯＰＡは定性的な条件も何らかの形でコード化し、データに置き換えて、ＺＯＰＡの中に数値化して織り込んでいくことになります。しかし、現実の交渉では、そのような分析を行う必然性は、あまりないのではないでしょうか。ＺＯＰＡは、交渉相手にも必ず留保価格があるはずだ、ということを忘れないために覚えておくという程度で十分だといえます。

７　ＢＡＴＮＡ

ＢＡＴＮＡとは

私たちは合意を目指して交渉します。しかし交渉結果によっては、相手との合意を無理矢理形成するよりは、むしろ今回の取引を中止して、別な可能性を模索するということも視野に入れて交渉する必要があります。交渉前の段階で、万一、今回の交渉がうまくいかなかった場合、より具体的に言えば、今回の交渉相手との間で自分のミッションを実現できる見込みがなくなった場合、別の手段がありうるかどうかをあらかじめ考えておく必要があります。

これが、ＢＡＴＮＡ（バトナ、Best Alternative to a Negotiated Agreement）です。交渉学では、数少ない専門用語の一つになります。別な言い方としては、No Deal Option という言い方もあります。意味はどちらも同じです。どちらも、「合意できなかった時の代替案」という意味です。

ではこのＢＡＴＮＡについて少し詳しく説明しましょう。

最悪に備える

ＢＡＴＮＡは強者だけの特権か

ＢＡＴＮＡは、自分の立場が強い時にのみ有効な概念ではないかという疑問が生じます。確かに、代替的な取引先が存在するような交渉は、私たちにとって有利な交渉です。現在の交渉相手と、同じくらい魅力がある別の取引先が存在しているのであれば、この２つの取引先を天秤にかけて、最も有利な条件を引き出すことができるからです。

しかし、そのようなラッキーな状況での交渉が望めないからこそ、交渉学という新しい手法を身につけたいと考えている人が大半でしょう。私たちにとって、難しい交渉とは、代替的取引先が容易に見つからない状況にある時や、代替的な取引先があるにはあるとしても、価格が高い、品質に問題がある、といった悪条件が重なり、現在の取引先よりもはるかに見劣りがするような場合です。こんな状況で、「ＢＡＴＮＡを持てば大丈夫、ＢＡＴＮＡを強化しなさい」といわれても、どうしたらいいかわからなくなってしまいます。

他の取引先＝ＢＡＴＮＡとは限らない

このような状況下で、果たしてこのＢＡＴＮＡはどう使えばよいのか、疑問を持つのは当然です。では本当に、「ＢＡＴＮＡは交渉学の最大の発明」なのでしょうか。とてもそれを信じることはできないのです。

答えは「イエス」です。BATNAは、仮に現在の取引先に代わる取引先が存在しない状況においても、有益な概念なのです。

交渉の価値を見つめ直す

なぜならBATNAとは、現在の取引の価値を、交渉決裂後の状況をシミュレーションしながら、再度、別の視点から評価するためのツールだからです。現在の取引の価値は、合意を目指すだけでは、十分に把握できていないこともあります。そこで交渉決裂時の対応策の存在や、その対応策の価値を分析することで、再度、今回の交渉が我々にどのような価値があるのかを見つめ直すのです。

もちろん、BATNAは、できれば現在の取引を有利に進めるためにも、より効果的なものを見つけ出し、それを強化していくべきです。しかし、その前提としてまず、冷静に現在の交渉で合意ができなかったとき、どの程度の代替案が存在するか、落ち着いて考えることが大切なのです。

BATNAは魅力的でなくても、ないよりはまし

たとえば、代替的な取引先が見つからないという場合、部品の調達が半減するというリスク

が発生するとします。最悪の代替案は、交渉決裂後に入手可能な部品だけで生産を続けるというものです。おどろくほど魅力のない代替案です。しかし、この代替案を落ち着いて見つめ直すと、いくつかポイントが出てきます。

第一に、少なくとも交渉決裂によって、自社製品がすべて生産中止にはならないことがわかります。最悪ではあるものの、生産はなんとか継続できることがわかります。少なくとも何も手を打たなくても、最低限これだけのことができるのです。

第二に、交渉決裂時、代替的な調達先は本当に存在しないのか、あるいは、この部品を必ず使わなければいけないのか、といった問題を冷静に分析するスタートラインに立ったということです。現在の交渉相手との交渉が合意できなかったらどうしよう、といった漠然とした不安ではなく、交渉決裂時の損失を冷静に見いだすことで、いろいろな打ち手が逆に見えてくるものです。

「決裂したら、我が社はつぶれてしまうのか」

この時点で、ＢＡＴＮＡについて考えていくことになります。以前、ヒアリングをしていたとき、ある企業の関係者は、「最悪、この取引がなくなったら、うちの会社はつぶれるのかどうかと考えてみる」という助言をしてくれたことがあります。もし、「そこまでひどくないのであれば、何か打ち手はあるはずだと考えます」ということでした。私たちは、「恐怖そのものに恐怖する」という性質があります。恐怖が見えなければ見えないほど、その不安は高まります。しかし、一度冷静に、決裂時の状況を見極めると、見えてくることがあるのです。

このように、BATNAの効用とは、大切な取引相手との取引を失ったら大変なことになる、当社は大打撃である、困ってしまうといったあいまいな表現に終始するのではなく、具体的にどう大変なのか、どのような打撃を被るのか、具体的に考えてみる機会を提供するところにあります。このように考えると、BATNAを考えることによって、現在の交渉だけに焦点を合わせすぎてしまうという、視野の狭窄から抜け出すことができるのです。

BATNAの準備の仕方

では、具体的にBATNAの準備の仕方について説明しましょう。BATNAは次の三つのステップで考えます。

第一ステップ

・決裂後の状況は

第一に、現在の取引が成立しなかった場合、客観的にどうなるかを分析します。例えばレアアースが調達できなくなった場合、どのような取引の影響が生じるのか、具体的な数値に落とし込んで分析し、予測していきます。

・損害の予測

この取引がなくなったときの実際の損害を正確に測定するのです。これが冷静に対応策を考えるための下地となります。同時に、今回の取引がなくなったことによって、交渉相手が被る損失についても考えてみるといいでしょう。よほどのことがない限り、交渉決裂の損失は相手にも発生します。残念ながら、損失において、自社よりも交渉相手の方が被害が少ないということも判明するかもしれません。しかし、相手の損失がゼロでなければ、必ず打ち手はあるのです。

第二ステップ

次に、取引が成立しなかった場合の状況をふまえて、第二段階に移ります。ここで、交渉決裂時の代替案をできるだけたくさん、考えます。代替案を考える時には、二つのアプローチが有効です。

・代替的取引先

第一に、代替的取引先の探索です。今回の交渉相手との取引をやめたとして、大きく現状を変更することなく、代替的な取引ができる相手が存在するかどうか検討します。ある会社との部品の供給交渉が決裂したとき、類似する部品が調達できるかどうかという分析です。ＢＡＴＮＡというとまさにこれだ、と思う人もいるようですが、交渉決裂時の代替案として有力ではあるけれども、アプローチの一つに過ぎません。

・ビジネスモデル変更の可能性

第二に、ビジネスモデルの変更の検討です。現在のビジネスモデルの変更は可能か考えます。たとえば、レアアースを使わない製品開発はできないだろうか、あるいは、外部から調達していた部品の内製化はできないだろうかといった代替案の検討です。このビジネスモデルの変更については、たとえば、「それは自分の権限ではない」とか、「それでは机上の空論になる」といった疑問が出てくると思います。しかし、ここではあくまでもプランの一つ、すなわち交渉決裂時の対応策をゼロベースで考えるのですから、あなたにその権限があるかどうかとか、可能性の検討に終わってしまうという不安はさておいて、まずその可能性の有無を検討してみてください。

このような代替案を探し出して、一度、全体を見てみるところから、最終的なＢＡＴＮＡを作っていきます。

・他の人に考えてもらう

ちなみに、この代替案の検討は、自分だけでなく社内の誰かに依頼してもかまいません。特に、比較的この交渉と利害関係の少ない誰かに考えてもらうことも有益です。なぜなら、交渉の当事者はどうしても現在の取引先の魅力にとらわれて、代替案の作成に消極的になりがちです。現在の交渉に直接関係していない人間に代替案を探してもらうと、意外と面白いものを見つけてきたりします。たとえば、インテルは、かつてメモリーの製造を取りやめるかどうか、重大な決断に迫られたことがあります。そのとき、当時の会長は、社内での製造の継続を求める声や、現時点で売り上げのある事業を止めることのリスクで頭を悩ませたのです。しかし、「もし自分が取締役を辞めて、新しい取締役が最初にやるのは何だろう」と考えたとき、やはりこの事業を止めるだろう、という結論になりました。それなら、自分たちでやろうということになったのです（この例は、チップ・ハース、ダン・ハース『決定力』早川書房、２０１３年、25頁を引用した）。このように現在の取引をゼロベースで見つめ直すことは、とても重要なのです。ＢＡＴＮＡもこのような選択肢として考えてみると新しい視点が得られると思います。

第三ステップ

・ＢＡＴＮＡを選ぶ

そして第三段階で、いよいよＢＡＴＮＡを決定します。すでに検討した交渉決裂時の代替案の中から、最善のものを選択するか、いくつかの選択肢を組み合わせて、ＢＡＴＮＡを作っていくのです。

・短期的利益か長期的利益か

ここで注意が必要です。現時点で最も損失の少ない代替案を我々は選択しがちです。しかし、仮に、現時点では損失が比較的大きいものの、長期的には利益につながりやすい、あるいは、長期的に見ると、大きなビジネスモデルの変更をした方が望ましいのではないか、という視点を忘れてはいけないのです。たとえば、短期的にはある程度のコスト増になっても、ある原材料を購入して、現行の製品を製造し続けることを選択した方が、損失が一番少ないように見えることがあります。しかし、長期的には、ここでこの原材料をできるだけ使わない製品への転換を検討した方が、より大きな利益につながることもあります。

ＢＡＴＮＡにおいては、短期的な損失回避の視点も重要ですが、それ以上に価値のある代替案を無視しないようにすることが大切です。

以上が、交渉の事前準備のファイブ・ステップ・アプローチです。事前準備を行うということは、交渉中に感情に流されたり、不合理な意思決定に身をゆだねてしまう危険性をできる限り回避するための工夫です。準備可能なものを事前に準備することによって、交渉の現場で自分の集中力を無駄遣いせず、重要な協議事項に振り分けることができます。人間の限られた集中力を、できるだけ効率的に使うためには、事前準備は欠かせないのです。

第5章　交渉をマネジメントする

交渉は流動的でとらえどころがないと考えがちです。しかし私たちはいくつかのポイントに注意して交渉を進めることで、全体を効果的にマネジメントすることができるようになります。ここでは交渉のマネジメントという視点から基本的な概念をいくつか整理してみたいと思います。

1　交渉の基本構造

まず交渉では、交渉するプレーヤーである自分と交渉相手がいます。この二人の背景にはもちろん所属する組織や利害関係者が存在するわけです。さらに、私たちの交渉は社会とは無縁ではありません。社会情勢や経済環境からも大きな影響を受けることになります。

協議事項の重要性

ただし、交渉自体は自分と交渉相手との間での言葉のやり取りの中で生み出されていきます。基本的な構造は協議事項と、その中で取り交わされるお互いの主張、そして最終的な合意案の形成ということになるわけです。交渉のプロセスは、いろいろな話題が行ったり来たりします。しかし、交渉は雑談ではありません。交渉は、何らかの利益の実現を目指しお互いの利害を調整するプロセスですから、お互いが合意したいと思われる協議事項を中心に議論が整理されることになります。

したがって、交渉では協議事項中心に、交渉のプロセスを管理することが、最も効果的なマネジメント手法になるわけです。

利益にフォーカス

そして、交渉では協議事項の中で必ず交渉相手の利益にフォーカスしたアプローチが必要になります。なんらかの利益が感じられない限り、交渉相手にとって合意を選択するメリットはありません。したがって交渉では、交渉相手に対して何らかの利益を提供するスタイルが重視されるのです。

しかし、交渉相手がそのような発想を持っていない場合もあります。一方的な譲歩を迫り、交渉相手には何ら利益を与えないというスタイルでこちらにアプローチしてくることも少なくありません。

パワープレーには、パワープレーで対抗しない

しかし、相手がそうだからといって、こちらもそのスタイルを採用するならば、パワープレーの応酬に終わるだけです。こちらは、相手のパワープレーには譲歩することなく、「そのやり方では、あなたは結果を出すことができませんよ」という姿勢を貫くことが重要なのです。

利益を中心とする交渉は、自分だけが利益を提供して相手の譲歩を待つ、というものではありません。利益を中心とした交渉を選択しない限り、こちらも利益を提供しない、しかし、一方的な譲歩を要求するわけでもない、というスタイルなのです。

このような冷静な交渉を妨げるのは、交渉相手による交渉戦術に、まんまと引っかかってしまう心理状態です。戦術に対処するためには、その交渉戦術について理解を深める必要があります。賢明な合意を目指すからこそ、戦術を知るべきなのです。

図19　協議事項（Agenda）を中心とした交渉

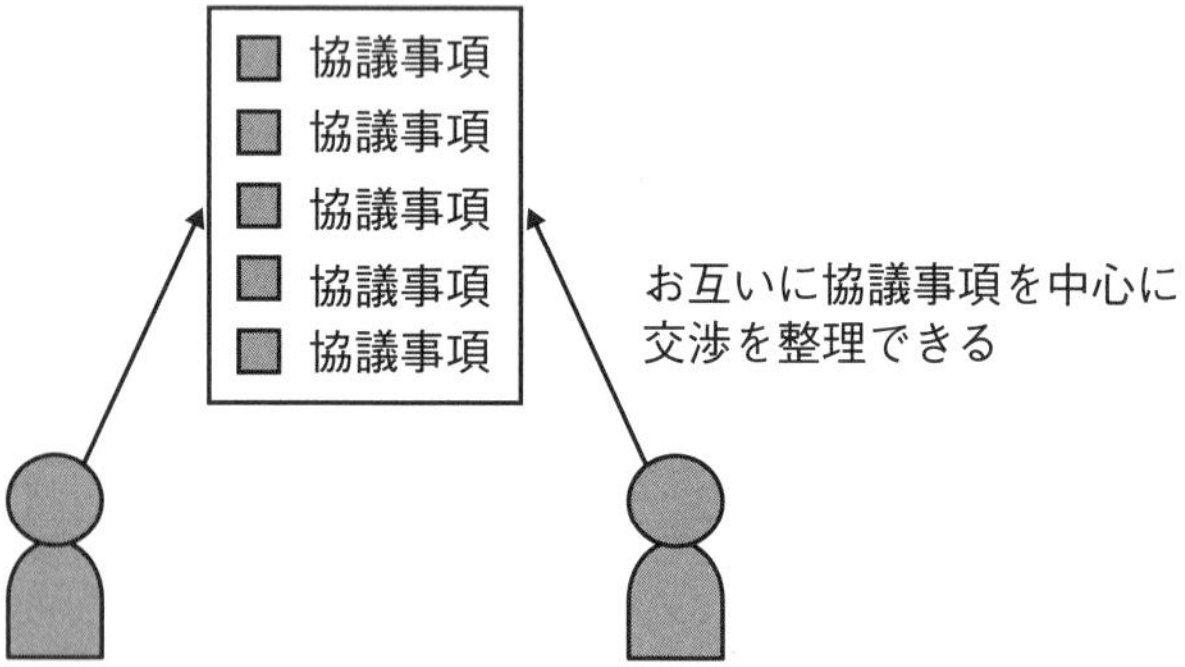

2　協議事項のマネジメント

協議事項とは

クリティカルな協議事項を見つける

交渉学では、協議事項の整理を重視します。協議事項の適切な管理こそ、交渉のマネジメントの第一歩なのです。協議事項には様々なものがあります。合併・買収といった、最も大きな交渉では、数百、あるいは数千項目近い協議事項が存在します。一般的なビジネスの交渉でも、協議事項が数十個あるいは、数百になることも珍しくありません。ただし協議事項は、交渉相手との間で時間をかけて協議しなければならない協議事項（クリティカルな〔重要な〕協議事項）と、比較的事務的な交渉の中で、適宜決まっていく協議事項に分けることができます。

クリティカルな協議事項は少ない

クリティカルな協議事項は、協議事項全体の10から20％程度だと考えられます。その中でも重要な争点は、通常は10個以下、特に重要なものになれば２から３個くらいに絞り込まれることになります。交渉学では、交渉によって議論しなければならない最も重要な協議事項に、お互いのリソースを最大限、集中させることを重視します。そのために協議事項をマネジメントする必要があるのです。

協議事項の抽出

大型のＭ＆Ａの交渉の場合や複雑な事業提携の場合は、投資銀行や法律事務所がアドバイザーとして適切な助言をしてくれます。比較的定型的な協議事項については彼らが用意し、提案してくれることも多いでしょう。しかしその取引において、ビジネス上、最もクリティカルな協議事項となるものは、当事者間で準備することになります。

協議事項を抽出する

第一段階は、協議事項の抽出です。事前準備におけるターゲティングで実施することになります。もちろん、交渉中に新たな協議事項が生まれることもありますので、すべて準備だけで協議事項が決まるわけではありません。

まず書き出してみる

協議事項の抽出作業を行っていくとき、最初の段階では、協議事項が重複しているかどうかについては、あまり考えず、協議事項をできるだけたくさん、出すことに着目すべきです。紙を一枚取り出して、協議事項となり得る事柄を、とにかく書き出してみることをおすすめします。もちろんパソコンに打ち込みながらでも結構です。この段階では、協議事項の中身、たとえば金額はいくらくらいの提案をしようかといったことは考えず、協議事項だけを考えます。

もれがないことが大切

一通り協議事項を抽出してから、重複しているものを整理し、似たようなものを同じグループに分けたりという作業を行います。このような整理の仕方を、MECE（Mutually Exclusive & Collectively Exhaustive もれなく、だぶりなく）と呼びますが、交渉学では、もれがないことが重要です。たとえば、営業の戦略を立てるときに、地域ごとの営業成績の相違に着目し、これを改善するための社内会議を行ったところ、実際の争点は、顧客の属性に応じた営業成績のばらつきの方が重要だったことがわかったとします。しかしそのデータが不足していたため、十分な検討ができなかったということになれば、大きな問題になってしまいます。合意にもれがあることは許されません。協議事項は、多少の重複は調整可能ですが、もれがあれば致命的となる危険性があると認識しておくとよいでしょう。

自分たちの利害に直結する協議事項はどれか

クリティカルな協議事項にフォーカスした交渉を行うためには、まず自分たちにとって、何がクリティカルな協議事項かを明確化する必要があります。ここで注意しなければいけないのは、一見すると、事務的な協議事項だと思われているものが、交渉の性質上、きわめてクリティカルな協議事項に変わることもありますし、その逆もありえます。なにがクリティカルかという判断は、あくまでも自分たちにとってどうかという視点で分析しましょう。

たとえば、合弁会社を競合他社が設立するという交渉であれば、通常お互いがいくら出資するのかという出資比率が、もっともクリティカルな協議事項だと考えられます。しかし、世間一般で出資比率が最も重要だからといって、自分たちの交渉でも必然的に重要になるのだと考えるのではなく、自分たちにとってこの出資比率は、どのような意味づけになるのか、を考える必要があるのです。

協議事項に関する交渉（アジェンダ交渉）

話し合いにより、協議事項とその順序を決定していく交渉のプロセスを、私たちは「アジェンダ交渉」（協議事項に関する交渉）と呼んでいます。

この協議事項に関する交渉はきわめて重要です。何を協議事項として取り上げたいか、ということについて双方が話し合っていくこの段階で、すでにその交渉の行く末が大体予想できます。協議事項をお互いが提示しあっているだけではなく、その提示の仕方、もしくは協議すべき事項の文言の書き方にも、お互いの思惑が見えてくるからです。

外交交渉では、協議事項の文章の書き方や表現方法それ自体が、国益を左右しかねない重要な問題になります。たとえば、「合意を目指す」という表現と「協議する」という表現の違いは、国際交渉ではかなり重要な違いになります。かつて、WTO（世界貿易機関）において、2000年以降、ドーハ開発アジェンダという包括的な交渉が行われた際、投資、貿易と競争政策、労働問題、貿易の円滑化及び政府調達の透明性といった協議事項（シンガポール・イシュー）をWTOの議題にすべきか否かで、先進国と途上国が激しく対立し、決裂しました。このように協議事項をコントロールすることは、往々にして交渉の主導権を握ること以上に必要です。そのため、この協議事項を中心に交渉を整理することがきわめて重要なのです。

協議事項は最初に提案

積極的に提案する

このアジェンダ交渉では、協議事項の提案は自分から積極的に行い主導権を確保する必要があります。また、交渉相手から協議事項の提案があった場合は、その提案について、交渉相手に詳しい説明を求める必要があります。なお、交渉相手からの協議事項の提案がおおむね妥当であって、それほど異論がない場合であっても、協議事項の決定に自分が関与したことを、交渉相手に理解させる必要があります。協議事項のなかの一言一言にも油断してはいけません。検討し、少しでも自分が納得できない協議事項があれば、修正や場合によっては撤回を求める必要があります。

主導権を確保せよ

交渉では協議事項の主導権を確保しなければなりません。協議事項の段階で、主導権を交渉相手に渡してしまうことは、事実上交渉全体の主導権を譲り渡すに等しい行為です。なぜなら交渉をマネジメントする最大のツールを失うことになるからです。

合意しやすいところから話し合う

協議する順序の重要性

交渉は、「協議事項をどの順序で話し合うか」によって、その合意内容に大きな差が生じることがあります。同じ話でも、話す順序によって、相手に与える印象がずいぶんと異なるからです。交渉では、文脈効果というものがあって、話の順番によって、話の内容に対する受け取り方がかなり変わってしまいます。交渉の初期段階でお互いに立場が激しくぶつかりあう論点を取り上げると、その論点について厳しいやりとりが続きます。交渉の初期段階ですので、交渉相手をお互いよく知らない状態で、議論だけが先行してしまうのです。その場合、心理的な対立や反発が次第に強くなってしまいます。そのような状況で、次の協議事項が、仮に比較的お互いにとって歩み寄りが可能なものであったとしても、最初の印象が大きく影響してしまうのです。そのため、本来であれば建設的な合意が可能であったにもかからず、冒頭での激しい議論のやりとりが最後まで尾を引くことが少なくありません（ウィリアム・ユーリー『ハーバード流NOと言わせない交渉術』三笠書房、1995年、229頁参照）。

話しやすいところはどこか

そこで、交渉では、このようなリスクを避けるために、まず話しやすいものから話し合うことが基本原則になります。双方にとって優先順位が高いからといって、込み入った話題から交渉し始めるのはできるだけ避けた方がよいでしょう。お互いが比較的合意しやすく、しかもお互いが意見交換しやすいもの、すなわち情報の共有や交換が比較的容易な協議事項から話し合うことによって、合意の可能性を広げていくことが重要となるのです。

図20　合意しやすいところから交渉する

合意しやすいことから話し始める

合意困難なことから話し始めると…

1．議論の対立を生みやすい

2．デッドロックに陥る可能性が高まる

↓

交渉では、コミュニケーションを促進することが大切

・合意しやすいことから交渉し、相互理解を深めることが重要。

・合意しやすい協議事項を交渉することで、まず、「問題を共有」する。

ウィリアム・ユーリー『ハーバード流NOと言わせない交渉術』三笠書房229頁参照

協議事項は目次

協議事項に関する交渉は、交渉に目次をつけていくようなものだとも言われます。本に目次がなければ読みにくいのと同様に、交渉でも今現在、何について話をしているのかについてお互いが十分理解した状態で話をすべきことが重要となるのです。

・脱線への対処法

交渉中に話題が脱線してしまうことも、よくあります。一つの協議事項について話をしているうちに、いろいろなアイデアが浮かんで、次第に協議事項が脱線していくことはよくある話です。ただし、このような協議事項の脱線を問題視しすぎる必要はありません。交渉において、多少の脱線や協議事項の間を行ったり来たりすることに神経質になりすぎる必要はありません。しかし、この協議事項からの逸脱が交渉全体に悪影響を及ぼす場合には、これに対して適切な対応が必要となります。

・協議事項を意識させる

具体的には、もし協議事項からの逸脱が交渉に悪影響を及ぼすと判断した場合、交渉相手に対して、「今、ご提案いただいたお話も非常に興味深いと思います。ただし、現在の協議事項とは少し異なる視点ですので、後ほど協議しませんか」という形で、脱線してしまった状態から、元の状態に戻す必要があります。

協議事項の逸脱を、すぐに直すことができる状態を作ることが必要です。すなわち、交渉全体が協議事項を中心として運営されていることを、交渉相手にあらかじめ理解してもらう必要があります。そうでないと、交渉相手は自分の話したいと思っていることを、さえぎられたと受け取ってしまうかもしれないからです。しかし、協議事項にこだわって、交渉をマネジメントしている姿勢を見せ続けることができれば、そのような誤解を招くことはなくなります。

先ほどのような言い方であれば、交渉相手も話をさえぎられたことに対する不満よりもむしろ、自分の話したいことを、きちんと協議事項として取り扱ってくれることがはっきりしたので、安心して元の協議事項に復帰できるのです。協議事項を中心にマネジメントするということとは、「木を見て森を見ず」といった事態をできるだけ回避するということになります。

3　利益に焦点を合わせる

利益に訴える

交渉では、相互理解や信頼感を醸成することが大切です。交渉学では、信頼関係とはお互いが交わした約束を守り合う関係のことを意味します。したがって、個人的にその人間のことを好ましいと思う感情や、交渉相手に対する友人のような感覚といった要素はすべて取り去ってしまいます。

交渉では、信頼関係を、お互いが約束を守り合っているかどうかという点にのみ注視し、それ以外のあらゆる要素はそぎ落とした非常にドライな視点で捉えます。まずこの信頼関係が醸成されていない限り、賢明な合意に到達することは不可能だと考えます。

ではこの信頼関係を作り出すためには、どのようにすればよいのでしょうか。それは、双方の立場の相違に着目するのではなく、お互いの利益の一致するところを見つけ出すという作業から始める必要があります。

図21　利害の一致

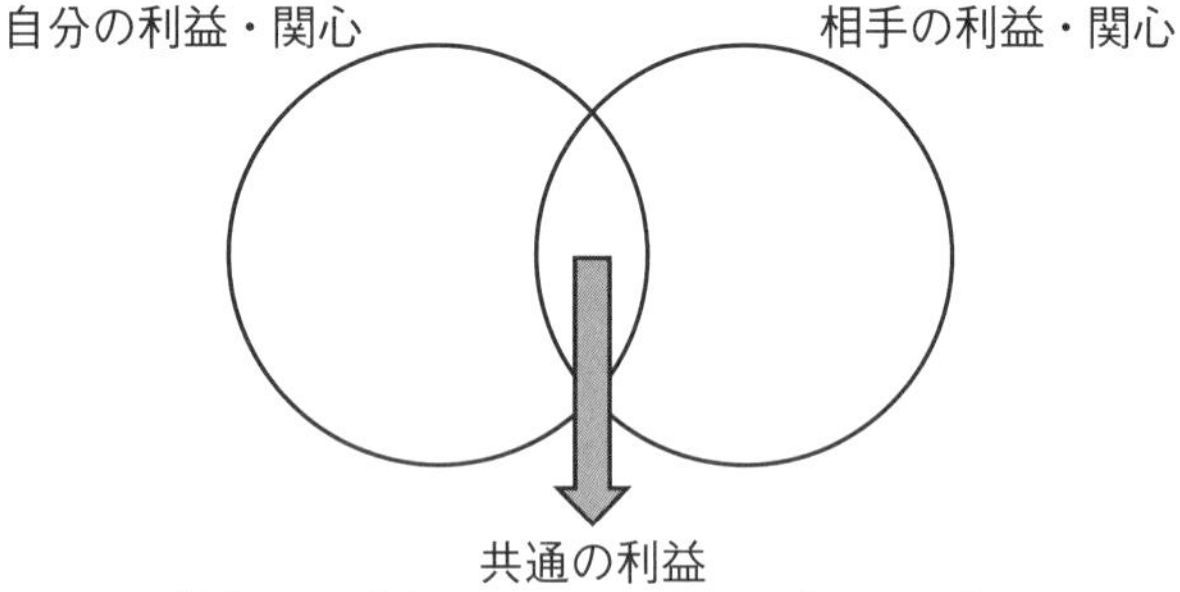

利害の一致を見つけて、それを掘り下げる

利害の一致

私たちは、相互理解のためには、お互いに何らかの一致が必要だと考えています。交渉では、お互いの立場が異なるため、双方があらゆる論点について立場の相違が解消される、ということはあり得ません。

そこで、立場の相違の解消を目指すのではなく、利害の一致に焦点を合わせていく必要があるのです。立場から利害へ転換するためには、関係者の利害の本質に着目することが重要です。

たとえば、水力発電所を建設するためのダムの建設工事を例に考えてみましょう（ジェームズ・K・セベニウス「交渉に失敗する6つの悪癖」『交渉からビジネスは始まる』ダイヤモンド社、２００５年、64頁の例を元にしている）。ダム建設には、賛成派と反対派の対立が必ずと言ってよいほど発生します。電力会社を中心とする推進（賛成）派と、反対派の対立は、二分法です。ダム建設に賛成か、反対か、という議論が延々と続くことになります。このような対立をさらに悪化させてしまうパワープレーも横行します。「この建設計画は、法的な問題は何もないのですよ、いつでも工事を始めてもよいのですよ」という賛成派に対して、「どんな手段を講じても阻止してやるぞ」と反対派は気勢を上げます。このままでは、何も生産的な議論は生まれません。最後は、裁判に発展する危険性もあるのです。

しかし、お互いの利害の本質に目を向けるとどうでしょうか。たとえば、ダム建設反対派の中にも、下流の農家は、「ダムができると、川の水が少なくなるって聞いているので、うちの田んぼに水が張れなくなると困る」と思っているかもしれません。また、環境保護団体は、「ダムの下流にある水鳥の生息地が心配だ」というのが反対の理由かもしれません。

「反対派」とひとくくりにしてしまうと、その利害の本質は見えてきません。しかし、それぞれの人たちの立場を超えた利害に着目すると、電力会社としては、より利害の本質に配慮した交渉や説得が可能になるのです。

図22　立場から利害へ

賛成・反対といった立場に焦点を合わせるのではなく、
利害にフォーカス。

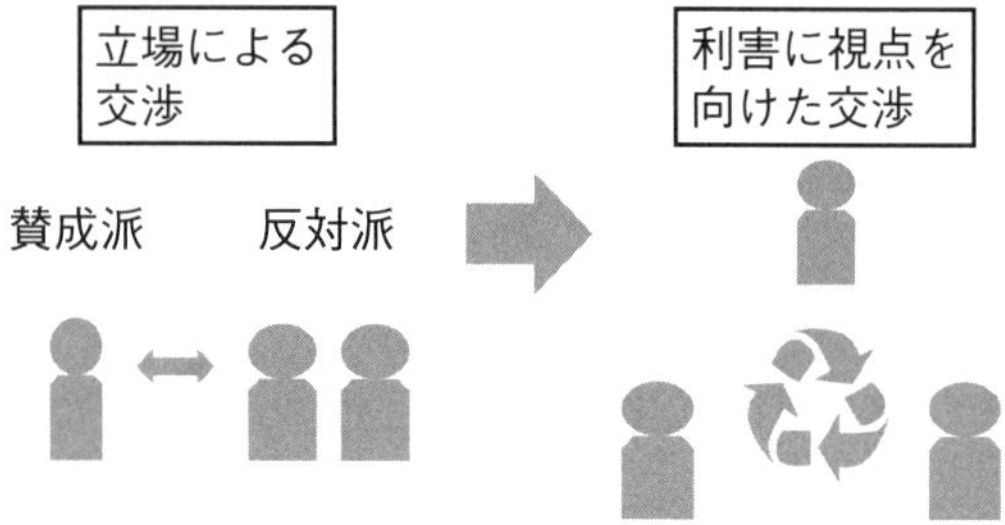

4　交渉戦術への対応策

交渉においては、相手の心理戦術に惑わされないようにすることが重要です。そのためには心理戦術の基本的なメカニズムを知っておくことが重要になります。心理戦術とは、一言で言えば、交渉相手を合理的な思考から遠ざけ、短絡的な結論に陥るように誘導するテクニックです。

交渉中、安易な譲歩をしてしまう原因として気をつけなければいけない相手の発言があります。それが、「今後のおつきあい」というフレーズです。これについて、説明しておきましょう。

「今後のおつきあい」に惑わされない

たとえば、「今回の取引で、譲歩していただければ、今後の良好なつきあいも可能になります」とか、「今回は御社に損をしてもらうことになりますが、きっと将来この借りはお返ししますので今回はぜひ譲歩して下さい」といった形で、将来の不確実な取引を匂わせることによって現在の取引の譲歩を迫るような説得に、人は簡単に引っかかります。

交渉では、合意バイアスの影響を受けます。将来的な取引の可能性をちらつかせられただけで、簡単に譲歩してしまうのです。しかし単なる口約束だけで、将来の取引の可能性を匂わされたとしても、それが実現するかどうかは、全く分かりません。むしろほとんどの場合、取引は実現しないと考えた方がよいでしょう。

「今後のおつきあい」という言葉に条件反射して譲歩してはいけません。私たちはこのようなあいまいな約束につい引っかかってしまい、安易な譲歩をしてしまいます。そして譲歩の見返りは、交渉相手の善意に期待してしまうのです。しかしこのような発想は非常に危険なことです。

交渉では、相手を信用できるかどうか、常に判断を迫られます。しかし将来の取引の可能性について、そのリスクを説明せずに、可能性だけを声高に説明する人間は、まず信用すべきではありません。交渉相手から、信用に足る何らかの約束を担保として受け取らない限り、簡単に信用してはいけないのです。

図23　よい警官・悪い警官（Good Cop Bad Cop）

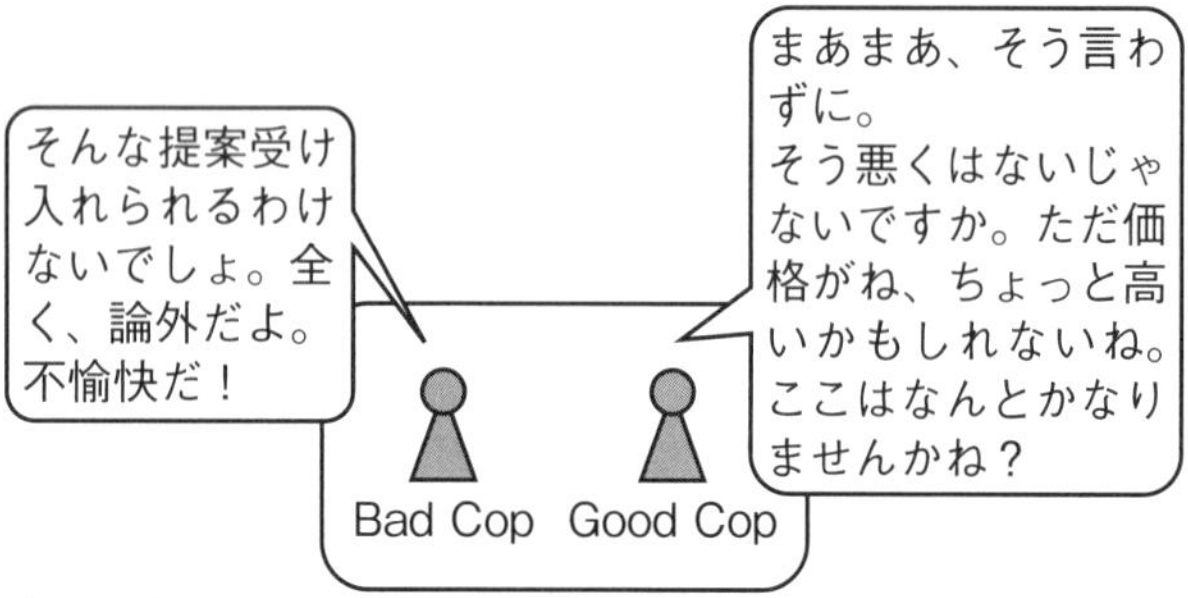

そんな提案受け入れられるわけないでしょ。全く、論外だよ。不愉快だ！

まあまあ、そう言わずに。

そう悪くはないじゃないですか。ただ価格がね、ちょっと高いかもしれないね。ここはなんとかなりませんかね？

Bad Cop
Good Cop

事前に打ち合わせをしている。

要するに、『お芝居』である。二人とも、目標は、「価格を値切る」ことにある。

よい警官・悪い警官戦術――日本人は要注意

では、簡単に交渉戦術の代表例を紹介しましょう。まず、最も有名な交渉戦術として、グッド・コップ、バッド・コップ（Good Cop Bad Cop）というものがあります。これは二人の交渉者が、悪意に満ちた意地悪な人物と、交渉相手に好意的な人物を演じます。バッド・コップが相手を脅し、怒りをぶちまけて動揺を誘う一方、グッド・コップが相手に同情し、時には相手を擁護するそぶりを見せつつ譲歩を迫るという戦術です。ちなみにコップとは警官のことです。これは取調室で容疑者に自白させる戦術として有名なので、このような名称がついています。この戦術は一人でもできます。「私はこの条件で納得していますが、上司がどうしてもだめだといっているのです」とか、

「私は、あなたの言い分もよくわかっているつもりなのですが、前例がないので、難しいですね」というように、この場にいない上司や、制度や組織を悪役にして相手を説得しようとするのです。

日本人はこの戦術に弱いと言われています。それは、怒り出した相手を目の前にすると、つい自分に非があるのでは、と考えてしまいがちであること、そして、グッド・コップを「味方」であると勘違いしてしまう傾向があるからです。では、どうすれば、この戦術に立ち向かうことができるのでしょうか。まず、このような戦術を使われるかもしれないと警戒することです。その上で、この戦術が疑われる場合は、相手の表面的な態度よりもむしろ「何を要求しているか」をしっかり見据えることが重要です。特に、ここではグッド・コップの提案に要注意です。グッド・コップは本来、味方ではありません。グッド・コップの提案を好意的な提案であると見せかけることがこの戦術の最大のポイントですから、油断しないことが肝心です。

ドア・イン・ザ・フェイス戦術

たとえば、金額の交渉に際して、交渉相手から最初にこちらが受け入れられないような高額な要求を提案したとしましょう。この金額を要求された交渉相手は、もちろんその提案を断ります。しかし、かなり動揺しているのも事実です。そしてその直後、交渉相手は、最初の要求をすぐに引っ込めて、次に、譲歩案を提示します。

この戦術を使うと、かなりの確率で、譲歩案がそのまま受け入れられてしまうのです。これがドア・イン・ザ・フェイス戦術です。

たとえば、このような例になります。

弁護士「私の依頼人は、今回の損害について、1億円の損害賠償を請求するといっていますよ。いざとなれば訴えてもよいそうです。」
企業A「えっ！ そんな。1億円ですか。確かに、我が社の製品の欠陥でご迷惑をおかけしたことは事実です。しかし、1億というのは、ちょっと高すぎませんか？」
弁護士「この件では、御社の事情もよくわかっているつもりです。私たちも、裁判で争うよりも、御社の誠意ある対応次第では和解で終わらせたいと思っています。そこで、7000万円でどうでしょう。依頼人は、かなり怒っているのですが、早く決着したいという気持ちもあります。そこで、いま、この金額で合意していただけるなら、私も依頼人を説得できると思います。」
企業A「仕方ありませんね、ではその金額で結構です。」

この戦術は、人間の返報性のルールを悪用しています。返報性のルールとは、相手が譲歩したら、自分も譲歩しなければならないと無意識に感じてしまう心理傾向のことです（ロバート・B・チャルディーニ他『影響力の武器　なぜ人は動かされるのか』誠信書房、２００７年、56頁参照）。この戦術への対処法は、法外な提案が出たときには、この戦術を疑ってみることと、法外な提案の後の譲歩案に注意することです。この譲歩案を見たとき、少しでも心の中で「断ったら悪いな」と思ったら、この戦術に引っかかっていることになります。

フット・イン・ザ・ドア戦術

次のような例を見てください。

業者「こんにちは、いま、ご近所で工事をやっておりますので、ご挨拶にうかがいました。」
Bさん「それは、どうも。」
業者「ご迷惑をおかけしないように工事しますのでよろしくお願いします。実は、いまやっている工事は、耐震補強工事なんですよ、地震は怖いですよね。」
Bさん「そうですね。」

業者「そういえばお宅の壁のひびが気になりますね。ちょうど検査器具を持っていまして、無料で検査だけやってみませんか?」
Bさん「そうですね、検査だけなら…」
業者「このひびは大丈夫そうですね。でも、その横にある窓枠の下のひび割れは、気になります。これは今のうちに直した方が良いかもしれませんね。簡単にできますよ。費用も格安です…」

最初に小さな要求を相手に提示してこれを受け入れてもらう、その後、徐々にその要求を引き上げていく戦術、これがフット・イン・ザ・ドアという戦術です。

たとえば、最初は無料でサービスを提供し、次第に少額の商品を勧め、最後に高額商品を購入させるという催眠商法もこの戦術の応用例です。この戦術は人間の中にある「一貫性の原理」(ロバート・B・チャルディーニ他『影響力の武器　なぜ人は動かされるのか』誠信書房、2007年、121頁以下参照)、すなわち、人は、自分自身が首尾一貫した意思決定をしたい、最初の判断をそのまま維持したい、という心理傾向を悪用したものです。

・対処法

この戦術に対する一つの対処法として、交渉がとんとん拍子に進んでいって、話が早く終わりそうなとき、ちょっと立ち止まって冷静に合意内容を見つめ直してください。まさに「うまい話は要注意」なのです。交渉では、相手の提案の一つ一つを検討して、その提案を受け入れると、自分にどのようなメリット・デメリットがあるかを分析する必要があります。簡単にイエスといえるような話がばかりが続いていくと、警戒心が薄れます。そして、そのチェック機能が弱まってしまい、相手の要求が次第に自分に不利な要求になっていることに気づかなくなってしまうのです。

最後通牒戦術?

・今日が最後!

「今回、この条件で、合意していただけないのであれば、この交渉はここで打ち切りにします」とか、「今日中にお返事ください」というように、交渉相手に期日を決めて、合意を迫るやり方を最後通牒戦術といいます。締め切り時間を設定して、交渉相手を追い詰める戦術ですので、タイム・プレッシャーと呼ぶこともあります。

この戦術の特徴は、決裂の可能性を明確にし、自分の提示した条件を最終条件だと主張することで、交渉相手に、譲歩するか、決裂するか、という二分法を迫ります。当然、交渉相手は、決裂は避けたいと考えるのが一般的です。そこで、この最後通牒に対して、譲歩を選択することになるのです。

・合意を逃したくない

今日中に返事をしないといけない、あるいは、今この場で決断しないといけない、と思うと、この機会を逃してはいけないと焦ります。その結果、冷静な判断をするというよりも、合意のメリットを何とかして見つけ出して、合意しようと必死になるのです。このような最後通牒戦術は、頻繁に見られるものです。「本日限り」とか、「あと30分で電話申し込み締め切りです」といった通販広告も、このような効果を狙っています。人間は、今この場で決断しないと取り逃してしまうと考えると、さして価値のないものでも、希少価値があるように錯覚してしまうのです。

・使うときは慎重に

では、ビジネスの交渉でこの戦術は有効でしょうか。たとえば、「今日中に決断してくれなければ契約は締結できません」という最後通牒を突きつけたとしましょう。しかし、本音は相手への譲歩を迫りたいとは思っているものの、本気で今日で交渉を打ち切るつもりがなかったとします。

・逆に最後通牒を突きつけられる

このようなとき最も困るのが、交渉相手から「では、この交渉は終わりにしましょう」と切り返されたときです。「いや、ちょっと待ってください、もう少し考えてみませんか」といってしまえば、自分の最後通牒が単なるブラフ（はったり）であったことがばれてしまいます。また交渉相手にパワープレーを仕掛けて、最後通牒を切り出したとしましょう。逆に交渉相手から、「では、今日中に返事をしましょう。その代わり、価格をさらに10％引き下げてくれますか。もしこちらの要求を受け入れていただけないのであれば、私たちもこの交渉は終わりにしたいと思います」と切り返されると、今度はこちらが最後通牒を突きつけられた形になります。

このように、本来、合意を目指したいと思っているにもかかわらず、安易に最後通牒戦術を使ってしまうと、逆にこちらが不利になることもあるのです。

・対処法

なお最後通牒を突きつけられたとき、私たちはどうすればよいでしょうか。ひとつには、最後通牒を、最後通牒だと受け止めない、すなわち最後通牒を真に受けないという選択肢です（マックス・ベイザーマン、ディーパック・マルホトラ『交渉の達人』日本経済新聞出版社、2010年、283頁参照）。最後通牒を突きつけられたとしても、とくに何事もなかったかのように、相手との交渉を継続するという手もあります。交渉相手も、本気で最後通牒を突きつけているわけではないことがよくありますので、このような手法もかなり効果があるのです。交渉相手も、最後通牒を真に受けられてしまうと、引っ込みがつかなくなります。この最後通牒を聞きながらも、それに過度に意識を振り向けず、そのまま交渉を続ける姿勢をとることができれば、この戦術を事実上、無効化しうるのです。

・ミッションを確認せよ

次に、相手の最後通牒が本気である場合は、再度、ミッションを確認しましょう。合意のバイアスによって、相手の提示条件を十分検討せずに即答するリスクを避ける必要があるのです。そして最後に、どうしても判断に迷うのであれば、この合意のリスクに目を向けてください。最後通牒を突きつけられると、何とか合意しようと考え、その合意のメリットばかりに目を向けてしまいます。そこで、リスクに目を向けるのです。このように、最後までミッションを中心とした交渉スタイルを維持するように努力することが重要です。

おねだり戦術

次の例を見てみましょう。

Cさん　「このたびは、ご成約いただき、ありがとうございます。」

Dさん「はい、御社の製品は、当社もがんばって売り込みたいと思っているのですよ。そういえば、製品を入れる化粧箱は、パールホワイトでしたよね。」
Cさん「え、そうですね（あれ、あの高い方の化粧箱だっけ？）」
Dさん「あの箱はすてきですね。あと、ちょっとお願いがあって、いやたいしたことではないのですが、一部、銀座の本店に直接運んでもらえますか？」
Cさん「は、はい、なんとかしましょう。（困ったな、配送担当者に連絡しよう。）」
Dさん「さすがCさん、話が早くて助かります。それとですね……」
Cさん「（まだ、あるのか、困ったな……）」

これは、「おねだり戦術」です。この戦術は、合意の直前や直後をねらって、相手に追加条件を提示して、その条件を相手にのませてしまう戦術です。合意寸前、あるいは合意してすぐという状態は、最も緊張感がなくなる危険な時間だと言えます。このような、「ちょっとしたおねだり」に対して私たちは無防備なのです。この例では、Cさんは、自分が想定していない化粧箱への変更を当然のように受け入れ、さらに全て一カ所に運ぶ予定がその一部を銀座に運ぶことになってしまいました。冷静に考えると、これは、すべて「追加費用」が発生する可能性があります。簡単にOKといってよいものかどうか疑問があるのです。

「おねだり戦術」とは、「もうある程度、合意は決まっている」という安心感と、できるだけ合意できる状態を維持したいという、心理を利用しています。この戦術の特徴は、相手の不意をつくことにあります。いかにも話のついでのように、不意に提示されると、つい引っかかってしまうのです。

・**油断大敵**

さらに、交渉相手を油断させるため、交渉相手をほめたり、おだてたりします。たとえば、「○○さんは本当に何でもよくご存じですよね」「○○さんのように、いろいろ気の回る人と交渉することができて本当に助かりました」といった形で、特に相手の交渉手腕を評価すると交渉相手が、このおねだりに引っかかりやすくなります。また、この戦術では、おねだりする条件が、「とるに足らない条件」であることを、さりげなく強調します。

・**対処法**

この戦術の切り返し方としては、相手の追加の要求に対して、一度質問することです。即答を避けるというだけで、この戦術の効果は半減してしまいます。さらに合意の直前で、こちらから合意内容を確認することで、これ以上の要望は、再度、交渉することになるということを間接的に交渉相手に伝えることになるのです。

戦術はディフェンス（守り）

戦術から身を守る

パワープレイヤーとの交渉に限らず、国際交渉や、敵対的な関係にある当事者同士の交渉では、交渉戦術が頻繁に登場します。私たちが思っている以上に、交渉は、感情や情動に左右されるため、戦術にさらされると、つい引っかかってしまうのです。したがって、戦術に対する理解は極めて重要なのです。また、この交渉戦術は、使われた側は、意外とこれに気がつかない、とも言われています。そうであれば、積極的に、この戦術を駆使した方がよいのではないかと思う人も多いと思います。

使うときは慎重に

しかし、この戦術が効果的であることは否定しないものの、その効果がはっきりと出てくることを示している例の多くは、お店での接客や販売といった場面や、マーケティングの場面での実証例であることに注意が必要です。比較的短時間で合意が形成されるような店舗などでのセールスでは、かなりの効果があります。たとえば、洋服を買おうかなと思ってお店を訪れる消費者は、自分のミッションや留保価格を用意しているとは思えません。予算の制約はあるでしょうが、それでもかなり留保価格は流動的な状態でしょう。そのため、もともと戦術に引っかかりやすい状態だということに注意が必要です。

時間をかけて交渉条件を検討するような交渉の場合、この種の戦術の効果よりも、デメリットも見えてきます。たとえば、本来であればお互いに情報を共有しながら、建設的な合意ができるはずの交渉であったにもかかわらず、交渉戦術の応酬が続き、結局、賢明な合意ではなく、最低ラインの合意に終わってしまうこともあります。また、ビジネス交渉では、この種の交渉戦術は有名です。交渉相手もこの戦術を知っている場合、戦術を使われたことに気がつく可能性が高いといえます。

引っかからないことが重要

そこでビジネス交渉では、交渉戦術はディフェンスとして、すなわち、このような戦術には引っかからないことの方がはるかに重要なのです。こちらが戦術に引っかからないことがわかれば、交渉相手も戦術を使う意味がなくなります。このように戦術を使わせない交渉を目指す方が合理的です。

ただし、交渉戦術は、お互いの合意を深めるための手段として使うこともできます。小さな合意を積み重ねるフット・イン・ザ・ドア戦術は、小さなコンセンサスの積み重ねによる信頼関係の醸成という形であれば、むしろ望ましい戦術になるでしょう。また最後通牒戦術も、議論が平行線になっている時には、「このままだと合意が難しくなってしまいます。お互いもう一度、それぞれの提案を整理してみませんか」といった形で、決裂のリスクを相手に伝え、それでもなお話し合いを継続したいというポジティブな形で交渉における合理のメリットを強調するということであれば、建設的な合意形成によい影響を与える可能性もあります。交渉戦術を一切使うべきではないとは考えませんが、戦術を使うのであれば、交渉の成功確率を引き上げ、賢明な合意の形成に寄与するかどうか、大きな戦略の中で、使うべきタイミングを決める必要があるのです。

物語に注意

物語という強力な説得技法

人間は、どんなに難しい話でも物語になっていると記憶しやすいといわれます。これは、人間が、どんな物事にも原因と結果、因果関係を見つけて説明しようという強い欲求があるからです。原因と結果の一連の流れを見せられると、人間はそれを記憶しやすくなるだけでなく、その話を信じやすくなるという傾向も見られます。

夢物語も信じてしまう

これは、交渉では非常に効果があります。たとえば、事業提携の交渉をしているとき、「提携したらこんなにすばらしい新薬が開発できます」という物語を見せられると、その話を記憶しやすいだけでなく、その話を好ましいと感じてしまうのです。

もちろん物語ですから、多少の誇張や、時には嘘も混じっているでしょう。しかし、それよりも大きな話の流れに人間は心を動かされてしまいます。注意しなければならないのは、交渉相手が物語を作って説明し始めたときです。このとき、私たちは安易にこの話を信じてしまいがちになります。

感情を喚起する

物語の怖さは、感情に直接影響を与えるというところにあります。物語によって、人は論理的に考えることよりも、むしろ感情的に好きか嫌いか、そして将来に希望が持てるか、といったところに焦点を向ける傾向があります。交渉相手の語る物語には要注意です。これも感情に支配されず、感情とうまくつきあう上で重要な要素なのです。

５　約束のマネジメント

ナポレオンの知恵

ナポレオンは、「約束を守る最上の手段はけして約束をしないこと」である（オクターブ・オブリ編『ナポレオン言行録』岩波文庫、１９８３年、２６４頁）という皮肉な言葉を残しました。たしかに、約束を守るのは大変なことです。交渉では、果たして、この約束は本当に守れるのかどうか、一度、冷静に考える必要があります。これが約束のマネジメントです。

安請け合い

交渉において約束の遵守は、相手との信頼関係を調整する上で最も効果的な手法です。しかし、私たちは合意したいという気持ちが強くなるあまりに、現時点で約束できるかどうかわからないことについてまで約束しようとして、簡単に安請け合いをします。

特に一般に仕事ができる人ほど注意が必要です。「自分はここで約束したとしても、必ず守ることができる。なぜなら社内で調整する能力があるからだ」というふうに考えてしまいます。このように交渉相手との約束を守るために、社内で奔走することになるのです。

約束のマネジメント

私たちは、どんなに些細な約束であっても注意して、約束する必要があります。というのも、小さな約束でも、それが守られないことによって、あなたの信頼は失われていくのです。交渉相手が感じる小さな期待はずれは、次第にあなたへの強い不信感につながっていきます。そこで、約束をマネジメントするための三つの手法を活用して、自分の安請け合いの癖を直しておくとよいでしょう。

約束に留保をつける

ビジネス交渉では、情勢の変化によって、約束を守ることが自分にとって大きな損失になることがあります。このような事態を想定して、自分の約束に一定の留保をつけておくと、仮に情勢が変化したとしても、厳密には約束を守れなかったのではなく、状況の変化によって従来の交渉内容に変化が生じたと相手に理解してもらうことができます。例えば、契約条件の一部について、原材料の価格が高騰した場合には、現在の合意内容を変更する可能性があるということをあらかじめ交渉相手に説明して了解を得た上で仮合意をするというような場合です。状況の変化次第で、契約条件の変更を申し出ることができるようにしておくことは、双方にとってメリットがあることを相手に伝えておくとより効果があるでしょう。

中身ではなく、プロセスについて約束する

交渉内容次第では、現時点で全てを約束することはできないものの、時間の経過によって約束可能になる場合があります。例えば、現在係争中の訴訟の決着が出た段階で、取引相手と新しい契約を締結することができるような場合です。このような場合は、「決着がつくまで待ってほしい」と伝えるよりは、「決着がついた段階で新しい契約を締結するのだが、その前の段階で現時点から話し合えることについては毎月一回、会議の場を持ちましょう」といった形で、合意内容ではなくてどのように合意するかというプロセスについて約束することも効果的です。

なんでも持ち帰らない

約束の重さを感じることが大切であるとはいえ、その場での決断の全てを回避して、一度社内に帰ってから決断する、つまり持ち帰ろうとするという姿勢にも問題があります。特に日本人は明確な理由を示さず交渉相手に、協議事項について持ち帰りを行いたいと提案する場合がありますが、これは欧米人からみると、非常に不愉快な交渉のやり方だと受け止められます。

通常グローバルな交渉では、交渉人には一定の権限が与えられています。その権限の範囲では交渉人自らが意思決定することができるわけです。しかし日本の交渉者が、特に理由を示さず協議事項を持ち帰ろうとする場合、「権限が与えられているにもかかわらず、なぜ、この場

で意思決定ができないのか」という疑問をぶつけられることがあります。単なるメッセンジャーとして交渉の現場にいるのか、権限のあるネゴシエーターとして交渉しているのかわからないという批判なのです。

では、自分に権限が与えられている場合、協議事項は一切持ち帰らず、すべてその場で意思決定しなければいけないのでしょうか。そうではありません。実は外国人でも、協議事項を社内で検討するために、一度決断を留保したいと申し出てくる場合があります。ただし日本人との大きな違いは明確な理由を説明した上で、持ち帰りを主張するはずです。

すなわち、協議事項を持ち帰ることそれ自体は問題ないのです。問題なのは、明確な理由を示すか示さないかという点なのです。たとえば「今、あなたから提案された提案は、初めて我々が聞いた提案であり、その提案を受け入れるか否かについては一度、社内で協議した上でお答えしたい。なぜなら、その提案には新しいビジネスモデルが含まれているので現在の私たちの交渉している取引全体に影響するからである。もう一度私たちで協議をして建設的な提案をさせていただきたい」というように、なぜ持ち帰るのかを説明すれば交渉相手は納得するでしょう。理由を明確に説明することなく、「ちょっとその件は、社内で調整してからお答えしますす」というスタイルは、グローバル交渉では通用しないので注意が必要です。

第6章　最高の合意を作り出す交渉の進め方

1　三方よし（賢明な合意）

賢明な合意

交渉では、賢明な合意であるか否かが、合意の判断基準となります。賢明な合意とは、「当事者双方の正当な要望を可能な限り満足させ、対立する利害を公平に調整し、時間がたっても効力を失わず、また社会全体の利益を考慮に入れた解決」（ロジャー・フィッシャー他著『新版ハーバード流交渉術』阪急コミュニケーションズ、1998年、6頁）のことです。この賢明な合意の中でも特に重要なのは、「当事者双方の正当な要望が可能な限り満足されているかどうか」という部分です。お互いの正当な要望が満足されていれば、利害は公平に調整されている可能性が高いと思われます、さらにそのような合意は時間が経過したとしても、一方的に破棄されることもないでしょう。

三方よし

この考え方は、近江商人の有名な「三方よし」に通じるものがあります。「三方よし」とは、「売り手よし」「買い手よし」「世間よし」という三つの要素をすべて満足させる取引を実現すべきだという考え方です（近江商人については、末永國紀『近江商人　現代を生き抜くビジネスの指針』中公新書、２０００年を参照）。ただし、「三方よし」という言葉は後世になってから近江商人の商売のやり方に使われたものだと言われています。

とはいえ、近江商人が、取引相手の利益に配慮しながらビジネスを展開していったということは事実です。取引相手の利益と自己の利益を調和させ、その結果の継続的関係を重視する思考という意味では、賢明な合意に通底するものがあるといえるでしょう。そこで、これから、賢明な合意もしくは「三方よし」を実現する合意形成を行うために注意すべきポイントについて説明しましょう。

2　強みを生かした選択肢で結果を出す

強みから発想する

交渉では、自分の強みを生かした選択肢（付帯条件）を作り上げることによって、賢明な合意を形成します。強みは、できるだけ事前準備の中で把握しておくとよいでしょう。この強みについては、圧倒的な強みである必要はありません。例えば、競合他社に対して圧倒的な商品特性を持っている新製品であるとか、自社以外に製造できない特殊な新薬、といったものは、確かに、圧倒的な強みとなります。

交渉では、交渉相手が保有していない、または交渉相手に不足していると思われることを、私たちが提供することができるのであればそれが強みとなります。

したがって、交渉では交渉相手にとって何が必要であり、何が不足しているのかを考えて、それに対して私たちが提供できるものは何か、を考えることで強みを生かした提案が可能となるのです。

図24　上を向いて交渉する

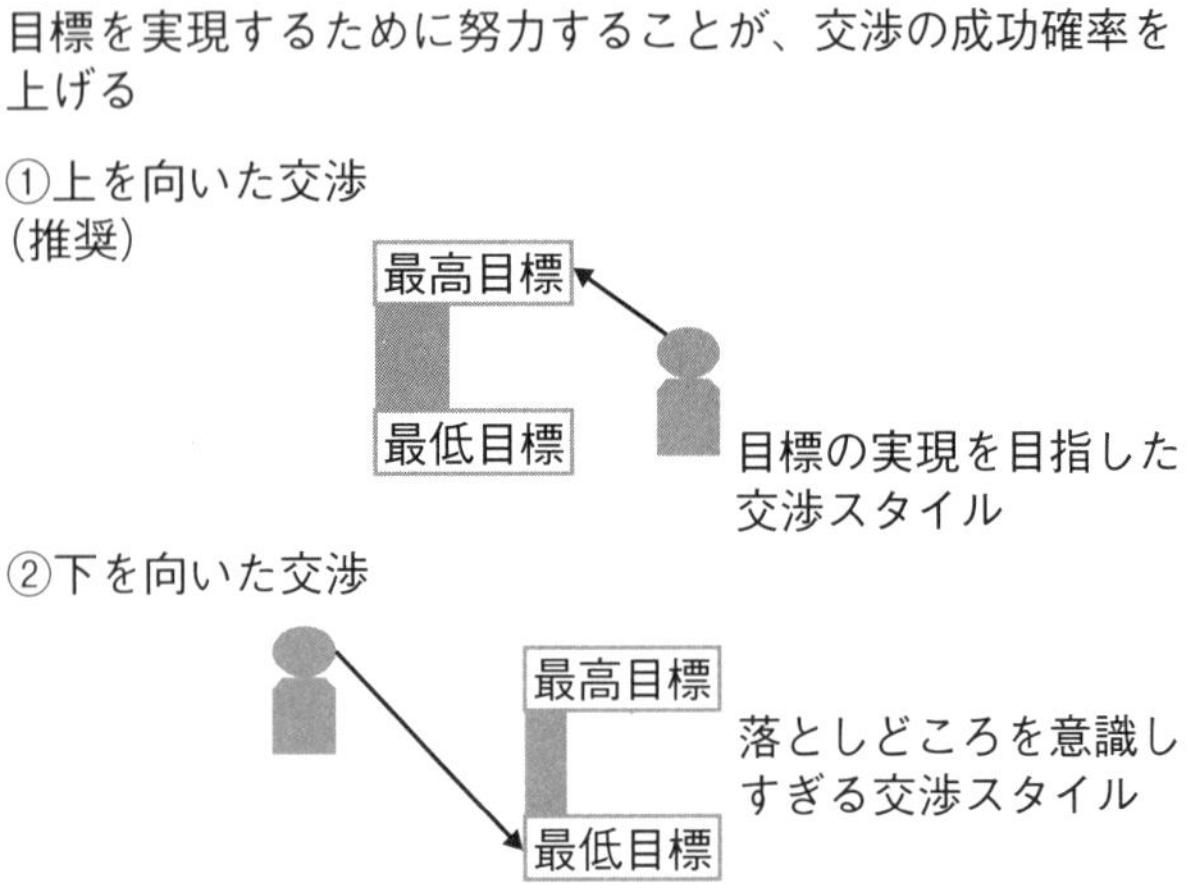

価格だけの交渉は我慢比べ

ところで、仮に交渉の論点のうち価格だけに着目して交渉すればどうなるか、考えてみましょう。ある商品の売買交渉を例に考えます。売り手が１万円と提案したとしましょう。売り手の留保価格は、８９００円です。他方、買い手は、８０００円と提示しました。買い手の留保価格は、９１００円だったとします。お互い留保価格は、相手に隠したままです。双方が相手の留保価格を知らずに、自分の主張を続けていけば、交渉は決裂します。他方、留保価格を探りながら譲歩を続けた場合、おそらく、価格は調整されて、最後に、金額は、９０００円前後で妥結することになるかもしれません。これが、お互いのパイが固定された交渉の帰結です。あとは、９０００円のうち、どちらに少しでも有利になるかは、どちらが譲歩を我慢できるか、という駆け引きだけで決まります。強気で交渉し続けて、決裂してもかまわないかのように振る舞うパワープレーの手法だけの交渉です。しかし、実際に私たちが直面する交渉はいかに価格が重要だったとしても、価格だけが唯一の論点ということはまずありません。継続的な取引であれば将来的な取引関係も視野に入れた交渉になります。商品の品質や納期といったものも、当然協議事項の中に含まれてきます。

オプションで決着をつける

交渉学では、どのような交渉であっても、金額以外の協議事項を重視し、その協議事項の中で創造的な選択肢を形成し、それによって価格交渉でより有利な展開を目指すことを考えます。例えば金額交渉であったとしても支払い条件について交渉が始まれば、もはや金額だけの単一論点の交渉ではなくなっていきます。支払いを分割払いにする、支払い期日を相手の設定した期日に変更する、といった付帯条件の交渉も価格交渉に何らかの形で反映させることが可能です。

このように価格交渉で有利な展開を望みたいのであれば、パワープレーを使うのではなく、付帯条件の中で強みを生かした提案を相手に行うことが、最も効率的そして効果的な交渉となります。

オプションの作り方

では、付帯条件はどのように作ればよいのでしょうか。まず自分たちの強みを考えます。例えばあるソフトウェア企業が、クラウド型の業務管理ソフトを売り込もうとしている場合、そのような業務管理ソフトは比較的ありふれていてそれほど商品の強みがないとします。交渉では競合他社と比較され、あまり有利な展開が望めません。このままでは、価格を下げるか、本来は有料で提供するサービスを無料にするといった自分たちにとって負担の大きな譲歩しか思いつかない、という状況になってしまいます。

自分にとって負担が大きいオプションは切り札にする

自分にとっての負担が大きい譲歩である金額の譲歩などは、当然、相手に魅力がありますので、このような提案には説得力があります。しかしこのような提案を早い段階で相手にすれば、それ以上の切り札はなくなってしまいます。また、さらに交渉相手から譲歩を要求されると、際限のない譲歩を余儀なくされます。その結果、仮に合意できたとしても私たちの利益はほとんど手元に残らなくなってしまうのです。

自分の負担を最小にしたオプションを提示

そこで交渉相手に提案する選択肢は、まず自分にとっての負担が小さく、それでもなお相手にメリットのある提案から先に提示します。この時、相手方のメリットは小さなメリットで構いません。

たとえば先ほどのソフトウェア企業の例で言うと、たまたま自分たちの営業所がこの交渉相手の本社と比較的近かったとします。業務管理ソフトに不具合が起きたとき、営業所からすぐに駆けつけることができるという強みは、交渉相手に対して積極的に提案すべき内容です。これは、ソフトウェア企業であれば、ある意味、当たり前のサービスです。通常、どこの会社もそのような対応をすることになります。しかし当社は、距離の近さを利用して、他よりも早く到着できるのですから、この強みを生かすことをまず考えるのです（ただし、ここで「ソフトウェアのメインテナンス費用についてまで無料にします」と言ってしまったら、それは負担の大きな選択肢になりますので注意が必要です）。

この対応力のような強みは、あまり大きな強みではないとしても、最大限活用しましょう。しかし、一般に交渉者はこのような強みを知りながら、積極的に活用しません。その程度のことを強みだとアピールするのは恥ずかしい、と思うのかもしれません。そのため、商品説明のなかで、あるいはちょっとした雑談の中で簡単に補足するだけで終わってしまう場合が少なくありません。

交渉相手は、独自の提案に説得される

しかし交渉相手は、このような他社とは違う交渉相手独自の提案に強い興味を示します。交渉相手は、自分たちの目の前にいる相手に他と違う付加価値が少しでもあるのならば、あえて他社を検討するよりも、ここで合意してもよいと考えることが少なくありません。人間は、複数の選択肢を検討することを心理的に避けたがる傾向があります。できるだけ早く決断したい、と考えているのです。

相手へのメリットを強調する

この強みを交渉相手に効果的に伝えるためには、まず距離の近さという私たちの強みが、あなた方、すなわち交渉相手にとってどのような利益があるのかということをできるだけ具体的に説明することが肝心です。特に交渉相手は、この距離の近さによって実際にメリットがあった他社の実例などを聞かされるとその強みを魅力的に感じやすくなります。このような、競合他社での導入事例は、交渉相手の決断を促す効果があり（自分の意思決定を後押しする材料があると自信が持てるという社会的証明の効果）、強みはより相手に大きな魅力として伝わるの

です。

切り札は最後までとっておくこと

　このように、交渉学では、強みを活かした選択肢を作ることが交渉を有利に進める上で最も重要なポイントになります。まず自分たちの強みになりそうな要素をできるだけ探し当て、それを活用して自分にとっての負担ができるだけ軽いものであって、交渉相手に対して何らかの利益を提供できるようなアイデアや選択肢を考えて提案します。金額の情報、無料サービスの提供といった自分にとって負担の大きな選択肢であって交渉相手がメリットを感じやすいものは、交渉の切り札ですから最後まで取っておく必要があるのです。

どんな交渉でも、まず強みを探そう

　最初のころは、この強みを活かすという考え方を実践するのは大変かもしれません。しかし、この考え方を徐々に活用することで、次第に日常の交渉に変化が生じるようになります。この強みを意識した交渉の考え方を身につけると、交渉の中で、不用意に譲歩をしてしまうリスクも最小化できるのです。

3　交渉相手の背後を意識する

再交渉を提示されたら？

交渉がある程度進展してくると、交渉相手も次第にこちらの状況を理解し、こちらの提案にも前向きな検討をしてくれるようになります。このような状況になると、交渉相手との信頼関係も次第に構築されてきますので、比較的話が順調に進んでいくわけです。ところが前回の交渉で合意した内容について、交渉相手から「この点についてもう一度交渉しなおしたい」といった再交渉の提案が出てくる場合があります。

相手を責めても意味がない

前の交渉で一度約束しているのだから、再度交渉するというのはおかしいのではないか、といった疑問も生じます。場合によっては、相手に対して批判的になったり、不信感を抱き、さらに悪いことに交渉相手の能力を疑い始めることもあります。

本音は面倒、しかし…

再交渉を要求されると、なぜ不快感を持つのでしょうか。ビジネスの交渉である以上、段階を追って合意していくのだから、途中でひっくり返されるのでは交渉にならないとか、交渉相手のビジネスに対する認識が甘い、といった理由も考えられます。しかし、本音を言えば、「再交渉は、面倒だ」「せっかくこちらに有利な合意なのに、もう一度交渉するのは不安だ」という気持ちのほうが強いのではないでしょうか。

私たちにも責任がある

さらに、交渉相手が再交渉を求めてきた時、その原因は、我々にもあるかもしれないのです。「私たちが提案の趣旨を十分説明していなかったのではないか」「交渉相手が社内で説明できるよう、我々も情報提供などあらゆる手を打ったのかどうか」考える必要があります。

相手の背後を考える

もちろん、交渉相手が社内でどのような説明をしているのか、私たちがコントロールすることは不可能です。しかし交渉相手が社内で説明するための材料を提供するといった形で、間接的に支援することで、影響を与えることはできます。そこで交渉相手に対しては、「現在の合意内容について御社のご意向はいかがでしょうか」とか、「この内容であれば、御社の中でご理解いただけるでしょうか」といった質問を投げかけ、協力の意思を示すと効果的です。

図25　相手の背後を見る

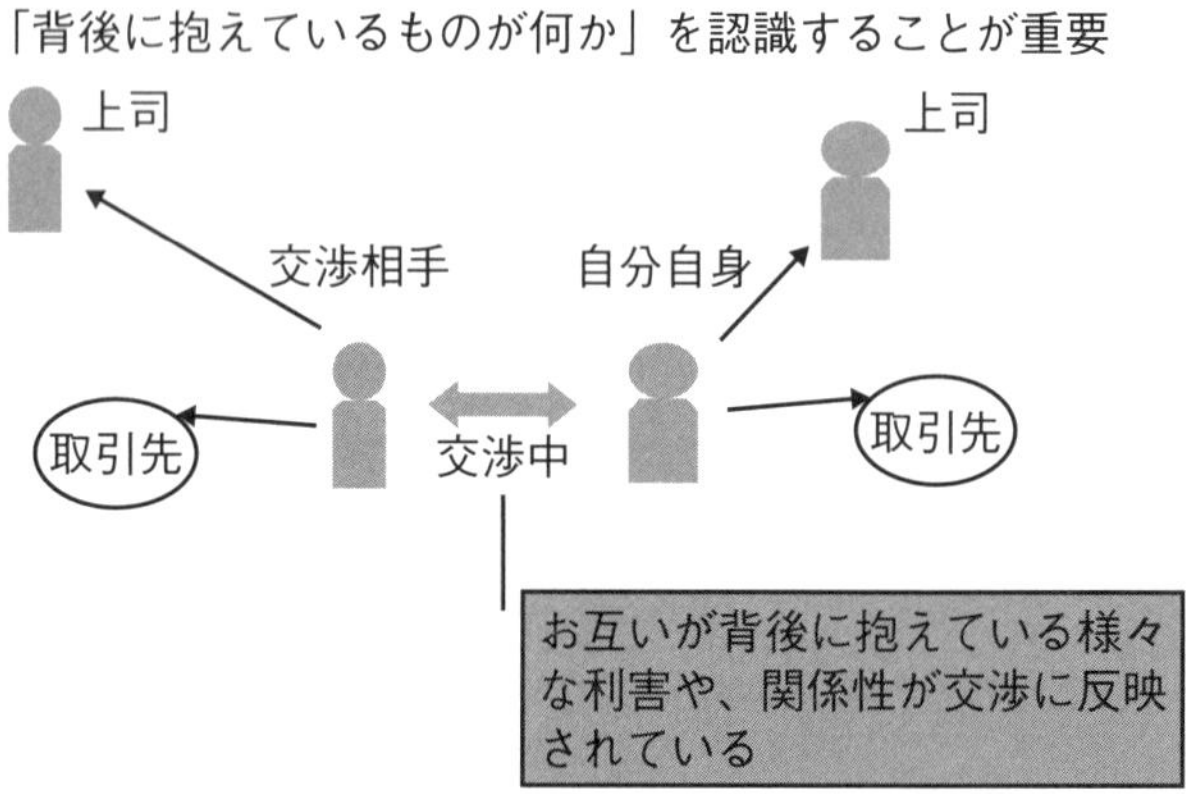

「背後に抱えているものが何か」を認識することが重要

つながりを深めるきっかけ

交渉相手の背後には、あなたと同様に様々な利害関係者が存在しています。その人たちを納得させるというのは大変な作業なのです。私たちは、交渉相手が背後に抱えている事情について、十分理解しているという姿勢を見せてあげることによって、相手とのつながりを深めることができます。

交渉相手の問題は、誰の問題か

これに対して、交渉相手の問題は相手が解決すべきであり、私たちとは関係がないという態度をとるのは望ましくありません。そのような態度では、交渉相手とのつながりを形成することができず、次第に交渉相手はわたしたちの提案に対して批判的になってきます。また交渉に対するコミットメントが希薄になることによって社内での批判や反論に対して対応することなく安易に再交渉を要求する危険性が高まるのです。

4　交換条件のリスクとメリット

交換条件の誘惑

交渉では、お互い、譲れない主張がぶつかり合います。そのとき、お互いに譲れない主張を交換条件にして合意するという、バーター取引が行われることがあります。例えば、価格で譲歩しない代わりに購入数量を増やすとか、価格で譲歩する代わりに返品条件を追加するといった形での交換条件です。

交換条件は交渉の基本原則であるともいえます。しかし、私たちは合意したいという欲求が強くなるあまり、本来交換してはいけない条件を安易に交換条件にしてしまうという危険性があるのです。

では交換条件が認められる場合について交渉学の基本的な考えをご紹介しましょう。

交換条件の基本原則

まず交換条件が認められるためには、お互いに交換しあう条件がほぼ等価値である必要があります。例えば、一方の当事者が今後の取引の継続性について口約束をする代わりに、他方の当事者が大幅な値引きを交換条件として差し出した場合、これは交換条件ではなく単なる譲歩にすぎません。これは極端な例ですが、自分が交換しようと考えている条件と、相手が交換しようとしている条件とが、ほぼ同じ価値を持っているのかどうか、自分が譲歩しすぎているのではないかと自問自答してみましょう。

複雑な交渉と交換条件

交換条件は、複雑な交渉になるとさらに大きな問題になります。M&Aの交渉のように投資銀行や法律事務所といったアドバイザーがついている場合であっても、合意を焦るあまり、今後、どのような影響を及ぼすのか十分に検討することなく、交換条件をのんでしまうことがあります。M&Aのように、もっとも慎重に進められるべき交渉であっても、最終局面になると、交渉担当者の疲労もピークになるため、交換条件のメリットだけに依拠した合意が行われるリスクが高まるのです。

実際、M&A交渉に限らず、ビジネス交渉において、最初は丁寧に交渉していても、最終局面では、簡単に交換条件に応じてしまったりします。たとえば、慎重に検討すべき役員構成や、会社が使用するコンピューターシステムの統合といった問題は、安易なバーター取引をすれば後々大きな問題になりかねません。このようなリスクを考慮した意思決定が求められるのです。

5　相手に譲歩を要求する場面の説得技法

相手に譲ってもらうには

最終的に、交渉相手に譲歩してもらう局面では、どのような要求の仕方が効果的でしょうか。ここで重要なのはできるだけ相手の主張を否定しないということ、そして、相手に自ら撤退してもらうこと、これが最上策だということです。

否定すると反発される

例えば、相手の価格提示に対して、「その金額では高すぎる。値引きして欲しい」と譲歩を迫るのは、もっとも譲歩を獲得しにくいやり方です。なぜなら、相手の主張を否定し、相手にその価格設定は間違いであるから、私の主張の通りに修正せよと迫っているからです。

あなたは間違っているという主張は避ける

交渉は勝ち負けといった単純な軸で評価することはできないものです。そして同時に、交渉でお互いの主張や要求に対して、それを正しい主張である、あるいは間違った主張であるといったかたちで評価すべきではないのです。まして交渉相手が自分で判断して設定した価格などは、我々がそれを正しい価格設定であるとか、間違った価格設定であると批判するのは、本来、明らかに不自然なことなのです。

特別なオファーを求める

もちろんだからといって、相手の価格設定をそのまま受け入れる必要ありません。やり方としては、相手の提示金額を全面的に不合理であると否定するのではなく、私たちには特別なオファーを提供してもらえないか、と要求することなのです。

オプションから攻める

交渉相手と価格交渉の前に、強みを生かした選択肢を活用して、お互いの信頼関係を醸成できたとしましょう。その段階であれば、例えば「確かにあなたのおっしゃった金額は、あなたが付けた金額ですから、その金額設定それ自体に私たちが口を挟むつもりはありません。しかし、私たちとの取引は、一回限りのものではなく、将来の連携や提携の可能性も話し合いながら、より大きな取引になるように話し合っていますね。そこで、この点を踏まえて、私たちの取引関係は特別な関係なのですから、それに対して、是非、特別なオファーを提供していただけないでしょうか」と相手に要求することができるのです。

退路を作ってあげる

このように、相手の価格設定それ自体を否定するのではなく、私たちとの関係性の中で、特別な提案を考えてほしいという要求のほうが、相手の譲歩を引き出しやすいと考えられます。このような提案ができる状況になるように、交渉を進展させることが交渉のマネジメントスキルなのです。

戦術で譲歩させることの長期的影響

価格交渉で成果を上げるためには、相手が自ら納得し、我々が提供した利益と引き換えに価格に関して譲歩する状況を形成することです。このような形で譲歩を引き出したとしても、交渉相手はむりやり価格で譲歩させられたという感覚を持ちません。これ以外に例えば交渉戦術であるドア・イン・ザ・フェイス戦術などを使って価格の譲歩を引き出したとしても、交渉相手は、「騙された」もしくは「強引に相手の言いなりにさせられた」という不満を抱くかもしれません。そのような関係性では、持続的な関係性の発展は望めないのです。

もちろん、海外旅行に行って、露店のお土産物屋さんでする交渉のような場合は別です。「これは、遺跡から掘り出した貴重な品だ」という宣伝文句で、あやしげな置物を売りつけてくるような価格交渉の場合は、交渉戦術を使ってそのやりとりを楽しむのも旅の魅力の一つでしょう。なぜなら、彼らとの間で長期的な信頼関係を構築する必要はないからです。

しかし、ビジネス交渉の場合は何らかの継続的な関係性を前提とする以上、一回の取引の利益だけを最優先して相手に譲歩を迫るだけのオファーは、効果がないばかりか、仮にうまくいったとしても、何度も使える手ではないのです。

提案は自信を持って提案せよ

これがベストオファーです！

なお、価格や条件の提示に関してもう一つ原則があります。価格や条件をこちらが提示した場合、その価格条件が交渉相手に対する最善のオファーであることを主張し、簡単に譲歩しないことです。簡単に譲歩しないことがお互いの信頼関係を構築するうえで不可欠なのです。なぜなら、相手に高めにふっかけてから簡単に譲歩した場合、その程度で譲歩できるような提案を相手に行ったということになります。交渉相手からすれば、「この人の提案は油断ならない」「信用できない」という印象を持つのです。交渉では私たちが発する言葉ひとつひとつが交渉相手に信頼されなければ効果的な合意が難しいのです。

言葉に重みを持たせる

簡単に前言を撤回したり、安易な譲歩をすることは、このような言葉の信頼性を失わせますので、全体的な信頼感を得ることができなくなります。このように、言葉の重みを大事にしながら交渉していくことが重要となります。特に提示した金額を譲歩することで合意できそうだと思ったときには安易に譲歩してしまいがちです。その時には、譲歩するか否かの決断を少し遅らせて、交渉を継続することが重要なのです。このように、オファーの局面では、自信を持って最初のオファーの信頼性を高めましょう。

これは、「落としどころ」の提案ではない

ここで、一つ大事な注意点があります。この最初のオファー（提案）については、自分にとって、最高の利益をもたらしてくれる金額、簡単に言えば、最も自分たちの利益が大きい金額を提示すべきです。この最初のオファーでは、最大限、自分の利益を確保することを考えて提案しましょう。

最初から低いオファーは禁物

最初のオファーは、自信を持って提示しましょう。先ほど、「簡単に譲歩する姿勢を見せない方がよい」と説明しましたが、これは誤った形で解釈されてしまう危険性があります。「最初の提案は相手が受け入れやすいような金額を提示することだ」と考えてしまうことです。しかし、これは誤解です。最初の提案の段階で、相手がこの金額ですぐに受け入れてくれるかど

うかはあまり重要ではありません。交渉とは、自分の利益を最大化するために行うものです。しかし、交渉相手も同様に考えているので、単に自己主張するだけでは合意はできません。そこで、相手の利益に配慮した提案をし、相手に利益を得させつつも、それゆえに相手に譲歩をしてもらいます。そして、最終的には、「自分に最も有利な形で交渉を終結させる」ことを目指すのです。したがって、最初のオファーは、当然、留保価格よりもかなり高めの数値を提案する（売り手の場合）か、かなり安い金額を提示する（買い手の場合）ことになります。

ドア・イン・ザ・フェイス戦術との違いは？

では、これはドア・イン・ザ・フェイス戦術と同じでしょうか。ドア・イン・ザ・フェイス戦術は、最初に相手が拒否する可能性の高い提案を行い、相手に拒否させてから譲歩する、という戦術でした。そして、ドア・イン・ザ・フェイス戦術が成功するためには、最初の法外な提案についても、かなり自信を持って、「これがあなたへのベストオファーですよ」ということを相手に信じさせなければ効果がありません。最初から、「ああ、ドア・イン・ザ・フェイス戦術だ」とわかってしまう、すなわち、はったり（ブラフ）であると簡単に見破られてしまうような提案の仕方では、この戦術は使えません。

信用を得るための駆け引き

しかし、ここで説明している、「最初の提案は、強気に自分の利益を最大限、組み込んだ提案で行うべきだ」といっているのは、戦術的な効果だけを狙っているのではありません。私たちの発言の信頼性を高めるような発言、すなわち相手に対する提案は、常に相手に対してのベストオファーであり、情報の提供に関しても、すぐにばれてしまうような嘘はつかない、そのような態度をとり続けることによって、こちら側の言葉の重みを相手に理解してもらうことを重視するのです。

そうすれば、仮にこちらのオファーに対して、「もしかするとドア・イン・ザ・フェイス戦術ではないか」と相手が疑ったとしても、すぐに譲歩せず、この提案のメリットを説明し続ければ、「どうも単に、戦術だけでだまそうとしているのではないようだな」と理解してもらうことができます。

自分の利益の最大化が交渉の本質

そして、自分の言葉に重みを持たせる工夫をし続けること、さらに、発言の信頼度を増す情報提供や、相手の話を聞き、情報を引き出す質問をするという小さな取り組みが、次第に効果を出して、こちらの提案に対する警戒心を解くことができるのです。このように、単に、ドア・イン・ザ・フェイス戦術でその場の利益を確保するという戦術だけに着目したものではなく、ドア・イン・ザ・フェイス戦術の効果も利用しつつ、最終的には自分の利益を確保するという戦略です。

6　グループダイナミックス

交渉とグループダイナミックス

ビジネス交渉の場合、私たちは社内で複数の部署と内部調整を行い、関係者と一緒に交渉に臨むことになります。このような時、最も困難なのは交渉相手との交渉よりはむしろ社内での利害調整のほうです。

利害の不一致を認める

私たちは、組織に所属していると、つい、部門間の違いといった相違点よりは、むしろ同じ組織なのだから利害は同じだと思い込んでしまいがちです。しかし、部品の調達先を変更するという交渉だけでも、調達部門と、その部品を実際に使用する製造現場、さらには設計を担当する部門や、その製品を販売する営業、そして部品の調達に関する取引条件について精査する法務部など、様々な利害関係者が登場します。このような担当者の思惑の違いを明確に内部で調整することなく交渉を進めていくと、各部署の不満が次第に高まり、交渉全体に悪影響を及ぼす危険性があります。

組織内交渉

私たちは交渉学の中で、組織内での多数の当事者同士の利害調整を、組織内コミュニケーションと呼ぶのではなく、「組織内交渉」と位置づけて交渉学の手法を積極的に活用すべきであると考えています。組織の中での交渉を円滑に進めていくための手法について、ポイントを整理していきます。

集団的浅慮

組織におけるコミュニケーションは、実は非常に難しいものです。社会心理学では、組織のコミュニケーションのメリットよりもむしろ、組織のコミュニケーションがいかに、愚かな集団的意思決定になってしまうか、という研究の方が数多く報告されています。単に、漫然と話し合っているだけの会議では、一人で意思決定するよりもはるかに愚かな意思決定になってしまうということを十分理解しておく必要があるのです。

とくに組織内での意思決定が、一人一人の英知を結集した熟慮の結果、生み出されるのでは

図26　「いいね！」の落とし穴

自分たちだけ「いいね！」な提案のリスク
↓
①呆れるようなお粗末なプラン
②ほとんど代わり映えのしない現状維持のプラン
③冷静に考えると、震え上がるような恐ろしい危険なプラン

…当の本人たちは気づいていない

なく、安易な結論に飛びつきやすい状況を、「集団的浅慮」とよぶことがあります。その特徴は3つあります（釘原直樹『グループ・ダイナミックス　集団と群衆の心理学』有斐閣、2011年、66頁など参照）。

①表面的見解一致を偽装する

社内の会議では、すでに組織の中での力関係等を全員が配慮しながら議論を進めていきます。組織にとって最善の意思決定は何かといったことに、全員の注意が常に向けられているとは限りません。むしろそのような発想で取り組んでいる時間は、非常に短いと言えるのではないでしょうか。

・スタンドプレーの危険性

実際には、会議の中で上司に認めてもらいたい、もしくは自分の優秀さを証明したいといったスタンドプレーの発言をする人や、気に入らない同僚の意見になんとか反論したいと考えて、さして必要のない論点を延々と議論しようとしたりする人も出てきます。他方で、会議に関心を持っていない人たちは、本来は有益な発言ができるにもかかわらず、自分が発言しても何も変わらないと考えて発言を控えてしまいます。また、組織の中での職位、すなわち部長であるとか課長といった社会的な地位が発言の重み付けと一緒になってしまい、有益な議論であるかどうかといった議論の中身よりはむしろ、誰が提言したのかが重視され、発言内容よりも、発言者の地位に配慮して意見が採用されたりすることも少なくありません。

・全員の「顔を立てる」リスク

このような会議のほうが一般的だといえます。このような会議をさらに悪化させるのは、表面的な見解の一致を必死で偽装しようとするような調整を行うタイプの人たちです。つまり、本質的な議論の中で行われる意見の対立や、相手に対する批判の本質を見極めることなく、全員の意見をまんべんなく取り入れて全員の顔を立てようとする傾向です。

・「外からどう見えるか」という視点

このような意思決定は、組織の中では評価されるかもしれませんが、対外的には何の成果ももたらさないか、むしろ批判の対象になるような意思決定をする危険性があります。最近でも、企業の様々な不祥事が発覚したとき、記者会見で社長が、自分たちの責任を否定するかのような発言をして問題になりました。このような実例は、社内の会議において自分たちが発表する内容が、「外」ではどのような評価を受けるだろうかという発想よりはむしろ、自分たちの組織の中の論理を優先させ、自分たちに都合のいい正当化をする理由だけを社内で話し合ってしまった結果であることが多いのです。

・調整型リーダーの危険性

組織の中での意見の対立や、お互いの意見に対する批判は、効果的な意思決定のために不可欠です。このような議論を回避して見せかけのコンセンサスを偽装し、全員の意見を少しずつ取り入れて意見をまとめようとしたり、そのような調整役を優れたリーダーだと評価してしまう状況に陥っていることが集団的浅慮ではよく見られるのです。見せかけの内部調整型リーダーは、組織全体に大きな損失をもたらすことに注意が必要なのです。

②同調圧力

表面的なコンセンサスを偽装するような組織では、同調圧力が強く働いています。組織の中で、できるだけを乱さないようにお互いに相互牽制し合う雰囲気、日本語ではこれを「空気を読む」と言ったりしますが、このような相互牽制の状況が強く働く場合は社内の会議はうまくいかないでしょう。

・キューバ危機

集団的浅慮の研究の中では、ケネディ政権におけるキューバをめぐる政府の中での対応が実例としてよく挙げられます。アメリカでは、ケネディ政権が発足してまもなく、共産主義政権となったキューバの政権の転覆を画策し、ＣＩＡによるキューバ侵攻作戦が計画されました。いわゆるピッグス湾事件です。この時ケネディ政権では、このプランを十分に検討することなく作戦決行を指示し、大きな失敗をしました。この時に閣僚の一人であるロバート・マクナマラは、「正直なところ、私は侵攻計画をあまり理解せず、もろもろの事実も知らなかったのでした。つまり、自分を消極的な傍観者の地位においたのです」（ロバート・マクナマラ『マクナマラ回顧録』共同通信社、１９９７年、48頁）と後に語っています。このように、組織の中で最初に実行ありきといった判断が行われ、作戦の成功確率よりはむしろ、キューバに対して強気の姿勢を見せたいという政治的な意図が交錯してしまうと、もはや反対することができない雰囲気が醸成されます。このような強い同調圧力が続くと、いわゆる中立派といわれる人たちも発言ができなくなり、議論は一定の方向に傾いてしまうのです。

・組織文化と同調圧力

同調圧力は、日本人によく見られる傾向だとも言われますが、日本人特有とはかならずしも限りません。例えば、1986年、スペースシャトル・チャレンジャー号の打ち上げの失敗に際しても、燃料ブースターのO（オー）リングが、外気が低温である場合には有効に機能せず燃料が漏れ出す危険性があるという警告がNASAにもたらされていました。しかし、NASAは、警告を発した製造メーカーに対して、この警告の再検討を要請し、最後には、打ち上げを決行したのです（マイケル・A・ロベルト『決断の本質』英治出版、2006年、108頁参照）。NASAの強い打ち上げの意向を受けて、メーカー側も応じざるを得ない状況に陥ったのです。これは、同調圧力の典型例です。このように、反対意見はおろか、質問をすることさえ許されないような雰囲気が醸成されているとすれば、同調圧力により危険な方向に議論が傾いていると思って間違いないでしょう。

③外部に対する認識のゆがみ

・集団意識

私たちは、一つの組織に所属することによって、外界から遮断されます。同じ大学に所属していても、ゼミやクラスが同じか、違うかというだけで、他のゼミやクラスに対する対抗意識が生まれたりするという傾向は感覚的にも理解できますが、研究でも明らかになっています。このような組織に対する帰属意識は、お互いの協力関係を引き出す上で非常に重要なポイントです。しかし他方で、同じ組織に所属しているということが、外部に対する認識を歪ませてしまうこともよくあります。

・倫理のゆがみ

比較的優秀な人間が集まるエリート組織の場合には、外部に対する優越感が自分たちの決断に対する揺るぎない自信にすり替わり、「私たちは間違えることがないのだ」という根拠のない信念にすり替わってしまいます。このような根拠のない信念は、自分たちに都合のいい事実を拾い上げて、さらに強化されます。しかし実際には、このようなゆがんだ事実認定と自尊心を満足させるだけで行われる様々な意思決定は、驚くほど粗末なものになります。さらに外部に対する認識のゆがみは、特定の業界や特定の組織の中で違法行為や明らかな倫理に反する行為を正当化してしまうという「カルト化」という現象を引き起こします。道徳性が麻痺し、自分たちには社会では違法だと思われることも許されるのだと思い込もうとします。組織の中で報告すべき事柄を怠り、隠蔽するといった行為、企業同士で結ばれる価格カルテルや談合の話し合いの中では、何らかの形でこの種の外部に対する認識の歪みが発生していると言っていいのです。

グループダイナミックスを発揮する

三人寄れば文殊の知恵は本当か

ではグループの力を最大限発揮し、効果的な意思決定をするにはどうしたらいいのでしょうか。「三人よれば文殊の知恵」は本当なのでしょうか？　しかし、現実はそう簡単ではありません。多くの研究では、集団的意思決定が最も効果的だといわれるのは、集団が議論をして意思決定を行うということではなく、個人が独自に意思決定した内容を集めた時なのです（この点については、ジェームズ・スロウィッキー『「みんなの意見」は案外正しい』角川書店、２００６年がよくまとまっています）。たくさん集まって話し合えば問題が解決するわけでもなければ、ブレイン・ストーミングさえすれば、確実に意思決定の質が向上するわけではないのです。意思決定の質を上げたいのであれば、集団的浅慮を回避するルールが必要となります。

少人数の会議が理想的

・社会的手抜き

重い荷物を大人数で運んでいる時、自分のところには、ほとんど重さを感じられない時があったりします。あるいは大勢の人が課題に取り組んでいると、一人くらいはサボっても影響はないと思ってしまって、かなりの人たちが積極的に課題をこなそうとしないといった現象がおきます。これは昔から「社会的手抜き」として知られているものです。これは会議の場面でも同様の状況が発生します。多くの参加者がいると、自分は積極的に関わらなくても、他の人たちが何とかやってくれると思ってしまうのです。

・コミットメントを高める

これを避けるためには、話し合いの人数をできるだけ少なくすること、理想的には三、四人くらいの少人数の会議が最も効率的です。しかし多くの人間が会議に参加する場合も、参加者全員に発言の機会を与えることによって会議に対するコミットメントを高めることも効果があります。

多くの人たちの意見を聞くことは、それだけ時間がかかりますし、効率的な会議からはかけ離れていきます。しかしその努力を行うと数人が発言する以外はほとんど何の貢献もしないというお決まりの会議に陥るだけなのです。

協議事項の管理

・協議事項のマネジメント

多数当事者で行う社内交渉は、議論があちこちに飛んでしまって、自分たちが今何を話しているのかが分からなくなることがあります。そこで、協議事項を常に意識し、それを中心に議論を管理していくことが非常に重要です。三、四分ごとに一回、今現在何の話をしているのか、さり気なく、発言の中に織り込んで、参加者全員に注意を喚起することが必要です。

・全員に状況をブリーフィング

なお協議事項の冒頭で、全員で状況把握をするということは非常に効果的ですので、特に危機管理の交渉では必ずこれを実施することをお勧めします。組織内交渉では、多くの場合、現在の状況についてすでに全員はある程度理解しているということを暗黙の前提に話を進めてしまうことがよくあります。しかし実際には、多くの参加者は現状について正確に理解しているとは限りません。例えば、災害、紛争解決など深刻な危機管理に関する会議では、状況把握からすべてがスタートします。常に最新の状況を理解した上で具体的な対策を講じるという発想を守ろうとするのです。これは、組織内交渉でも非常に重要な視点です。そこで多数当事者交渉では、「既に皆さんはご存じのことも多いかと思いますが、全員の理解を共通化しておきたいので、簡単に現在の状況からご説明したいと思います」というように、状況把握を冒頭に行うことが効果的なのです。

・組織内交渉における共通方針と対策

多数当事者間での話し合いでは、お互いの意見が対立したり、非難の応酬に発展する危険な状況もあります。このようなお互いの意見の対立が非生産的な非難合戦になることは避けなければなりません。ただし、意見の相違をお互いが認識するプロセスの中で激しい議論が始まったとしても、それを否定すべきではありません。このような主張を途中で封じられると、「私たちの部署の意見をないがしろにされた」と思い込んでしまい、それが最終的に交渉全体に悪影響を及ぼすことになるからです。

周りから見ていて、「そのような議論をしても意味がないな」と思っていても、すぐにそれを制止せず、しばらく議論を続けさせておくことが重要です。その上で、全員がこのままお互いの意見を言い合っているだけでは何の問題解決にもならないということに、うすうす気づくか、もしくはある程度お互いの意見が出尽くしたところで、「では、各部署のご意見も十分うかがうことができましたので、今回の会議で私たちが何を求められているのか、どのようにこの問題を解決していたらいいのか、基本的な方針について話し合いたいと思いますが、いかがですか」といった形で、全員の目指すべき方向について議論をするように注意を喚起することが効果的です。

この時点で、何がしかの基本方針、すなわち組織として今回の交渉で目指すべき基本方針を設定する議論に入ります。この基本方針をないがしろにしてはいけません。この基本方針を実現するための最適な対策とは何かが交渉の中心となるのです。このように多数当事者の交渉では、「基本方針から対策へ」という流れが最も重要となります。

そして私たちが注意しなければならないのは、「基本方針というのは単なる建前ではない」ということです。日本人は、基本方針よりも具体的な対策の方が重要だと考える人が多く、基本方針をあまり重視しない人が少なくありません。しかしグローバルな交渉では、お互いに異なる意見を調整するために作り上げた基本方針を唯一の拠り所にして、具体的な対策を作り上げます。具体的な対策が望ましいかどうかは、どの対策が、最も基本方針に合致しているか、という形で判断されることになります。

・**コンセンサス形成の基本形態を理解する**

このように多数当事者の交渉では、何らかの形で、基本方針（コンセンサス）が形成されます。これを曖昧にすることなく、この基本方針が自分たちにとって不利なものにならないように、基本方針の策定段階にできるだけ関わるべきです。つまり多数当事者の交渉では、交渉の初期段階での積極的な関与が不可欠です。もしこの基本方針が、自分たちにとって不利なものであれば、その交渉自体を中止させるか、その基本方針の変更を求める必要があります。たとえば、国際的なスポーツの競技団体が、ルールの変更について会議を開こうとしたとします。そこで、「現在のルールでは、後半からの逆転が難しい。そこで、後半からまで選手が競い合うようなルールに変更して、よりエキサイティングな競技にしよう」という共通方針が示されたとします。

・基本方針から議論に参加する

しかし背景を探ってみると、最近日本人選手の台頭で上位入賞ができなくなった欧州の数カ国が、ルール改正に熱心であるとしたらどうでしょうか。もしここで、日本側が対応するとすれば、「現行のルールで十分、競技はエキサイティングであり、このようなルール変更は必要ない。競技の魅力を増すためには、アジア諸国への競技の普及の方がはるかに重要である」といった主張のように、共通方針それ自体に反対するか、積極的に基本方針に影響を与える交渉戦略や多数派工作を早急に開始する必要があります。この基本方針のところできちんと争わずに、提案通りの基本方針のまま、個別のルールの内容で協議したところで、すでに不利な状況は確定してしまっているのです。このように、多数当事者が関与する交渉では、あらゆる合意内容に細心の注意を払う必要があるのです。

集団極性化

「集団極性化」とは、同じ集団に所属していると、ごく少数のメンバーが発した、かたよった議論に簡単に同調し、一方的に過激になるか、一方的に消極的になるといった形で、議論の流れが極端な方向に傾いてしまう現象のことです。たとえば、①リスク回避思考の人間が議論すると、結論はもっとも慎重な結論になる、②リスク志向型の人間同士が議論すると、もっともハイリスクな結論となる、③比較的中立的な人間が集まっている場合でも、その中の多数派の意見に支配され、中立的な結論からはかけ離れていく、といった現象がみられます。このような集団極性化現象の原因は、少数意見を無視するところにあります。

私たちが少数意見を嫌うのは、①少数意見には、反論や批判が含まれている場合が多いので不愉快になる、②少数意見を聞いている時間を「無駄」だと感じてしまい、できれば、早く行動するか、結論を出したいと思う、そして③少数意見は、自分が見たくないところが含まれていて不愉快である、といった理由があげられます。

悪魔の代理人

悪魔の代理人とは

このように、少数意見を嫌うという私たちの心理傾向を回避するためには、「悪魔の代理人

(Devil's Advocate)」の考え方を活用すると効果的です。悪魔の代理人とは、カトリック教会で聖人を選ぶ際に、その人物の欠点や問題点を指摘するために任命された神父というのがその語源です。この役割になると聖人となる候補者に関して、その人間の悪行や不行跡について調査し、この聖人の候補者が、聖人としていかに不適切な人間か、ということを立証しようとします。これに対して聖人にふさわしいと主張する側からの反論が行われ、この議論を聞いた上で、列聖（聖人にすること）すべきかが決定されます。カトリック教会では、１５８７年にこの制度が導入されました。この当時、カトリック教会の幹部たち、すなわち法王や枢機卿らは、みな同じ宗教を信じていて、全員が修道院や教会の中で同じような生活習慣で暮らしていたわけですから、自分たちが同質的な集団であること、そして、そのような同質的な集団の意思決定の危険性を認識していたのでしょう。悪魔の代理人をもうけることによって、意図的に反論を聞く機会を作り、客観的で冷静な判断を目指そうとしたのです。

このように、会議では、ある意見に対して反論や批判を加えることにより、より適切な議論が可能になります。ただし実際には、ある意見に対して反論や批判を加えることが個人攻撃だと受け止められかねず、非常に難しいのも実情です。

図27　悪魔の弁護人

反論や少数意見を大切にする議論のアプローチを採用する

参考　悪魔の弁護人（Devil's Advocate）

カトリック教会で聖人を選ぶ際に、その人物の欠点や問題点を指摘する列聖調査審問検事のこと

↓

意図的に同質的な意見を避けるために用いられてきた

ホワイトボードを攻撃させる

そこで、悪魔の代理人ほど、厳しい反対者を用意できない場合には、合意内容や提案を、ホワイトボードに記載するか、スクリーンに映しだし、書かれた意見や写し出された意見に対して反論を加えていく方法が有益です。簡単なことのようですが、直接、面と向かって、「あなたの意見はおかしい」と言われるよりも、書かれたものに対して反論された方が、批判された側も耳を傾けやすいのです。合意案の文書を配布することも効果的でしょう。これには実例があります。１９９４年にＷＴＯ（世界貿易機関）が設立された際、世界中の国が集まってどのような協定を結ぶかが協議されました。その時、当時の事務局長のダンケル氏の名前をとったダンケルテキストというドラフトが配布されました。各国はこのドラフトに対する批判や反論を繰り返す中で、次第に議論を集約させてきました。批判や反論となるものを書面にすることで批判の矛先を国に対する批判

図28①　直接批判し合うのは危険

独占販売契約の
期間について
見直したい
それは
おかしい！
いまさら、
どういう
つもりだ！

ではなく、条件や文書に対する批判として議論することによって、当初難航が予想された交渉も、なんとか合意にこぎつけたのです。

「悪魔の代理人の時間」

ただし、これだけでは、悪魔の代理人の効果を最大限発揮したとはいえません。悪魔の代理人制度を有効活用するためには、合意案や交渉相手、そして自分自身の主張や意見に対して反論・批判を行うということを、交渉のプロセスの中に意図的に挿入する、すなわち協議事項の中に織り込んでおくと効果的です。

たとえば、「意見への批判や反論を自由にやりましょう」というのではなく、現在、合意案として提案されている意見や提案、あるいはある程度お互いが歩み寄った合意案について、「その合意に潜むリ

図28② ホワイトボードに怒りをぶつけさせる

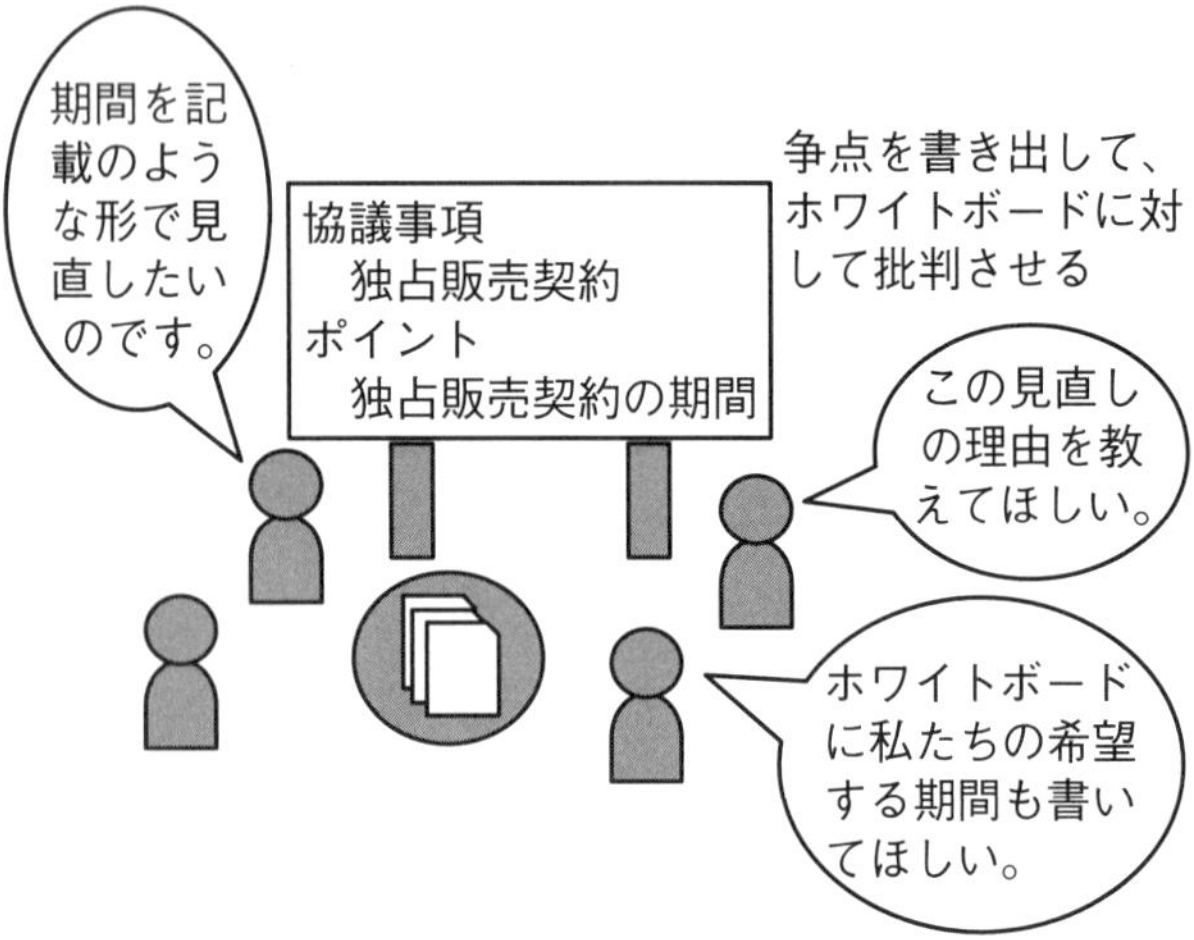
期間を記載のような形で見直したいのです。
協議事項
独占販売契約
ポイント
独占販売契約の期間
争点を書き出して、ホワイトボードに対して批判させる
この見直しの理由を教えてほしい。
ホワイトボードに私たちの希望する期間も書いてほしい。

スクを検討してみませんか」と働きかけるのです。

私たちの合意内容には、必ず、「他の合意の可能性」が存在します。しかし、ほとんどの人たちは、この他の合意の可能性があることを忘れ、現在の合意案が最適であると考えがちです。しかし交渉では、お互いの中での合意内容に唯一の正解などありません。

完璧な合意案などない

その意味では、あらゆる合意案は、お互いにとって最適解であると同時に、何らかのリスクや、見落とし、さらには、よりよい合意案の可能性があり得るのです。したがって、お互いの合意案について、合意す

る前に、そのリスクや危険性を検討することによって、思わぬ落とし穴を見つけることができるのです。これが悪魔の代理人が議論の中で必要とされる理由なのです。そこで合意案のリスクや、問題点を意図的に議論し合う段階を交渉中に持っておくと有益です。

さらに、交渉中に、自分たちの合意案を直接、批判・反論してもらうため、悪魔の代理人役を設置することもできます。しかし同調圧力の強い組織内では、このような役割は十分機能するとはいえないかもしれません。ある意見について、自由な意見を喚起する段階を設定することの重要性や、批判や反論は、個人攻撃ではないということを強調し、誹謗中傷になりそうなときはこれを抑止する工夫があれば、悪魔の代理人の効果を発揮しやすくなるでしょう。

悪魔の代理人に魅了されない

なお、もうひとつ、悪魔の代理人の危険性は、過去の先例を取り上げ、現状の変革を批判するような意見、新しいことに対する懐疑的な意見のような、現状維持を画策する意見になってしまうところがあります。「では、何も変えなくてよいだろう」ということになってしまったり、安易にいろいろな人の意見をまとめて、結局、集団的浅慮と変わらなくなるという危険性もあります。これを避けるためには、悪魔の代理人の批判を絶対視しないこと、そして、悪魔の代理人の批判それ自体は、議論のきっかけにすぎないこと、その批判に即座に対応して、現在の合意案を修正したり、破棄したりしないことが大切です。このように悪魔の代理人は、対立する意見それ自体にあわてない、という対話の習慣が身についていないと、逆効果になるので注意が必要となります。

ちなみに、海外での会議や交渉では、悪魔の代理人（Devil's Advocate）は一種の慣用句となっています。たとえば、会議のなかで、相手の意見に批判的なコメントするとき「あえて悪魔の代理人の立場で考えてみると…」といった前置きをすることで、相手に配慮することもあります。このように議論を建設的に進めるための批判であることを、相手に伝えてから自分の意見を述べることも効果があります。

発言を悪魔の代理人として受け止める

会議の結論がある程度、固まったところで、今までの前提を無視した発言が登場することがあります。そのとき、「この人は、何で、この段階でそんなことをいっているのだろう」と思ってしまいます。そのときには、「この人の発言は、もしかすると、『悪魔の代理人』の発言かもしれない」と思って耳を傾けるとよいでしょう。このような発想で相手の意見を聞いてみると、ときおり私たちの合意案や決定の見落としや問題点に気がつくことがあるのです。このようなかたちで少数意見を大切にすることも、悪魔の代理人という発想に含まれているのです。

反論がなければ決議しない

直接的な批判や反論をすることが難しいという場合、最も消極的なやり方ではありますが、次のような手法も効果的です。それはある意見に対して反論や批判が出なかった場合には、その意見を直ちに採用することを避けるというルールを決めることです。なぜなら、論理的にこれ以外に正解がないというような数学の定理の証明とは異なり、交渉で取り扱う問題は、唯一、絶対の正解はありません。必ずどのようなプランでも、何らかのリスクや欠陥もしくは反論の余地が残されています。そのような問題が議論されないまま、採択するという状態は、すでに集団極性化が発生している疑いがあるのです。

そこで、批判や反論あるいは質問といったものが一切、登場しない場合には、そのアイデアの採用を避けるというルールで話し合いをするのです。このルールを採用することによって、会議を終わらせて結論を出すためには、必ずこの提案について、何かコメントをしなければなりません。参加者全員が、この提案を真剣に考えることになります。「もし、全員の考えが同じならば、そこにいる誰も、きちんと考えていないのである。"Where all think alike, no one thinks very much."」（ウォルター・リップマン、Walter Lippmann, *The Stakes of Diplomacy*, Transaction Publishers（2008）at 51.））という言葉にあるように、多数の当事者同士で話し合いをするときに、いかなる質問も意見も出てこない状態のまま、意思決定をすることはきわめて危険なことなのです。

第7章　対立を乗り越えて
――コンフリクト・マネジメント

1　コンフリクトとは

コンフリクトの特徴

お互いが立場をぶつけ合い、相手を非難し、最終的には裁判に発展する、あるいは、国際紛争が、次第に話し合いによる解決を離れて、武力衝突、そして最後には全面戦争にまでエスカレートしてしまうような状況、すなわちコンフリクト（摩擦、対立）はいかに回避すべきでしょうか。あるいは、発生してしまった深刻なコンフリクトの対立を、交渉によってどのように解決すればよいのでしょうか。

ます。

エスカレートする

その前に、コンフリクトの特徴を理解する必要があります。コンフリクトの特徴は、対立が簡単にエスカレートするということです。そのため、事態が悪化すると歯止めがきかなくなります。

特に、紛争が民族や宗教そして国境を越えた国家同士の争いとなると、事態はさらに深刻になります。文化や習慣の違いによってコミュニケーションのとり方は異なってきます。そのような相違が、さらに相手に対する誤解と不信を助長するのです。

やめたくてもやめられない

そして、対立する当事者同士は、頭の中では、紛争を解決したいと思っていてもやめられないという特徴もあります。紛争の当事者は、このまま対立が激化すれば双方にとって何のメリットもないことはわかっているにもかかわらず、紛争をやめることができない、という状況に陥っているのです。お互いが紛争や戦争を続けたいと思っているのであれば、それを解決することは不可能ですが、お互いがそろそろ紛争を解決したいと思っているにもかかわらず、なかなかやめられない。これがコンフリクトをさらに複雑にしているのです。

このようにコンフリクトは、あっという間に最悪の事態にまで発展してしまいます。さらに、紛争当事者は、問題解決のメリットをたいていは理解しているのです。しかし、それでもなお、紛争をやめられないという状況に陥ってしまっています。このコンフリクトの特徴を理解した上で適切な対応策を考える必要があるのです。

2　コンフリクトに対する一般的な反応

企業同士の紛争の場合は

ではビジネスの交渉を例に、コンフリクトの性質を分析しましょう。たとえば、ある二つの会社が、いまから数年前に、新製品の開発のため、共同研究開発の契約交渉をしていたとします。一般に、共同研究開発の話し合いのためにはお互いの技術についてある程度、情報を共有しなければいけません。しかし、交渉がうまくいかないこともあります。そこで、事前にある取り決めをするのです。それが守秘義務契約です。これは、お互いが交渉中に開示した情報を、交渉決裂後勝手に使わないという約束です。この守秘義務契約を結んでおけば、法的には、交渉相手は交渉中に知り得た秘密情報を勝手に使うことができなくなります。

そしてこの交渉はうまくいかなかったとします。交渉は物別れに終わってしまいましたが、

図29　戦うか？　逃げるか？

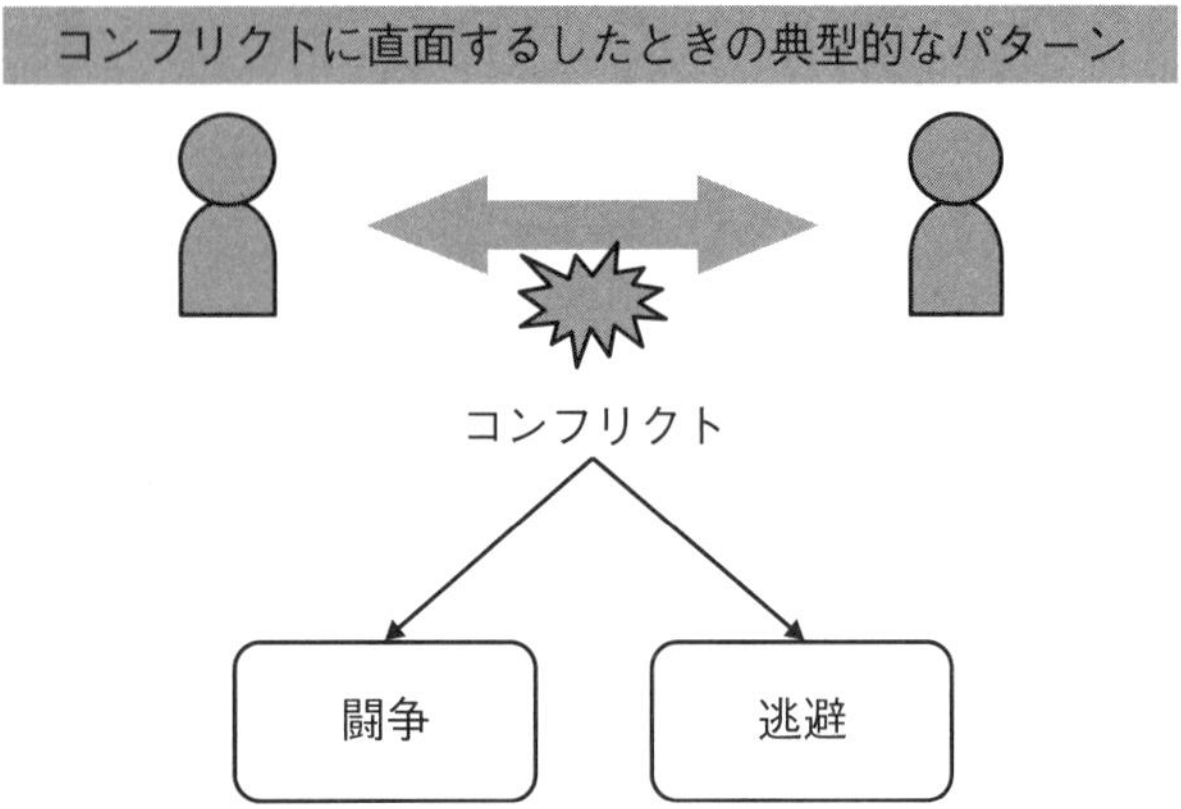

守秘義務契約があるので、相手はまさかこのときに開示した技術を勝手に使うことはないだろう、と思っていたところ、この会社が、私たちの技術を使って新製品を開発したらしいという情報が入ってきたとします。さて、どのように対応したらよいでしょうか。

戦うか、逃げるか

　このような問題に直面すると、たいていの人は、次の二つの思考パターンのどちらかに陥ります。ひとつは「闘争」です。すなわち、この相手企業の契約違反を追及し、製品の差し止めや損害賠償請求のため、裁判所に訴えて、戦うことを決意します。もう一つの反応は、回避（逃避）です。このような問題の場合、この相手企業に対して裁判も辞さずに、文句をつけたいという気持ちは闘争と同じであるものの、やっかいな問題に巻き込まれたという意識の方が強いため、不快感の方が強くなります。そのため、問題を早く処理したいという気持ちにかられます。このように、「戦うか、逃げるか」という原始的な反応が、コンフリクトに対する一般的なパターンとなります。

この二つのパターンは、固定的なものではなく、闘争モードの人も、時には疲れて、回避モードになることもありますし、回避モードから一気に闘争モードになる場合もあります。いずれにせよ、このような感情（情緒）的な反応が、実際の交渉の進め方に大きく影響することになるのです。

3　コンフリクトと裁判

裁判のメリット・デメリット

お互いの守秘義務契約違反の話し合いは、さらに対立が激化し、裁判になったとしましょう。私たちは、中立で公正な裁判官が適切な判断を下してくれることを期待し、法廷闘争で自分の正当性を主張しようとがんばることになります。

現実には、知的財産権の紛争、特に特許がからむような紛争では、訴訟での決着も少なくありません。しかし日本では、仮に裁判になったとしても、最後まで争って、最高裁判所で決着がつく、といったケースはきわめてまれです。実際は、裁判になってもその大半は和解で終わります。これは訴訟社会と言われるアメリカも同様です。アメリカの場合は、sue first talk later（訴えてから話し合う）という言葉もあるくらいで、裁判が交渉のきっかけに過ぎないと受け止められている場合も少なくありません。

和解の有効性

なぜ、裁判になっても、その大半が和解で終了するのでしょうか。その理由はいろいろとあります。裁判を続けるにはお金がかかる、すなわち弁護士費用など訴訟費用の負担もあり、これも和解を選択する要因の一つでしょう。ただし、訴訟と和解を比較すると、和解の場合はお互いがすべての合意案をコントロールできるのに対して、第三者である裁判官の判断は、途中から当事者のコントロールから離れ、裁判官の判決にゆだねなければならないという違いがあることも、和解を選択する大きな要因です。

裁判官は、もちろん公正さという意味では、信頼できるでしょう。しかし、裁判官は、公正であるが故に、常に、私たちの言い分だけを聞いてくれるわけではありません。私たちがどれほど正当な主張だと思ったとしても、裁判官がそのように受け取ってくれなければ、その主張は認められないわけです。

最後は当事者で解決しなければならない問題もある

さらに、裁判官が解決してくれるのは、法的な問題の解決です。ビジネスの紛争では、法的なトラブルの解決はその一部にすぎません。ビジネスのトラブルを解決するためには、裁判の結果だけではなく、判決が出た後でも、なお、当事者間で様々なビジネスの調整をする必要が出てくるのです。

このように、判決だけですべて問題解決できるような事案はともかく、多くのビジネス紛争では、最終的に全体的な解決を目指すことが多いので、裁判の最中でも、タイミングを見て、和解の交渉を始めることが合理的な選択肢になる場合が非常に多いのです。さらに、ビジネスではスピードが大事です。たとえば守秘義務違反の裁判で争っているうちに、大きなビジネスチャンスを逃してしまう、ということも少なくありません。訴訟で勝っても、ビジネスで勝てなければ意味がないのですから、お互いに訴訟で勝った、負けたと一喜一憂しているだけは、済まされない場合もあります。そこで、コンフリクトを効果的、効率的に、そしてできれば、少しでも短い期間で解決するためのコンフリクト・マネジメントのポイントを紹介しましょう。

4　合意（和解）のチャンスを逃さない

合意のチャンスはわずか

多くのコンフリクトは、合意のチャンスを逃すことで、さらに悪化の道をたどります。実際に多くの紛争では、最終解決への好機を見逃すことが非常に多いのです。この好機を逃してしまうのは、自分たちが正義の戦士となってしまい、戦って勝利することを最優先に考えてしまっているからです。コンフリクトにおいては、相手を不当だと批判し、こちらが正しいと主張したくなります。相手は理不尽な人間で、悪意に満ちている、と思っていた方が、戦いやすいからです。

正論だけでは解決しない

しかし、「他人に理を見いだそうと思わなくなるときは、すでに自分にも理はない」（『ラ・ロシュフコー箴言集』岩波文庫、1989年、156頁）という言葉に代表されるように、完全に相手が間違っていて、自分だけが正しい、という状況はあり得ません。合意のチャンスが訪れたときは、「正しい・間違っている」という発想を超えて、「その合意にどのような利益があるのか」「あるいはリスクがあるのか」という視点に立って分析することが重要です。コンフリクトの時は、「合意へのチャンスを逃してはいけない」（ハーバードマネジメントアップデート編集部『交渉力』ダイヤモンド社、2006年、141頁）という教訓を忘れず、交渉することが大切です。

あいつにだけは得をさせたくない

次に、合意のチャンスを逃してしまうもう一つの要因は、「こんなところで和解するのは悔しい」とか、「相手に利益を与えるのは納得できない」という感覚です。戦うことが無意味だとわかっていても、この衝動に駆られてしまうと、紛争はいつまでも続きます。相手が完全に屈服するまで、自分の気持ちが収まらない、というこの感覚は、民族紛争などでは相当深刻であり、和解や停戦がいつも失敗する要素の一つです。ビジネスの交渉でもこのような感覚にとらわれてしまうことがあります。ただし、民族紛争や、国家間のコンフリクトとは異なり、ビジネスの紛争の場合は、利益にフォーカスした問題解決に焦点を向けやすいといえます。

利益にフォーカスできるか

利益にフォーカスするとは、このまま戦い続けることで失う利益と、ここで終結することで得られる利益を比較することです。このとき、交渉相手の不愉快な態度や、尊大な言動、そして暴言といった態度を考慮しないようにします。これは、民族紛争で対立し合う人たちの場合は、なかなか頭ではわかっていても感情的に理解することは難しいものです。しかし、ビジネスのコンフリクトであれば、もう少し冷静に考えることができるのではないでしょうか。紛争だからこそ利益にフォーカスすること、これを意識的に考えることが重要です。

5　コンフリクトを別の窓から見る（フレーミング）

問題のとらえ方は千差万別

コンフリクトは、過去の事実に対する当事者の解釈の相違によって発生します。そこで、コンフリクトの解決のためには、過去に目を向けている当事者の視点を未来へと切り替えることが大切です。

フレーミング

人間は問題をある一定の視点から捉えようとします。この問題に対する見方や解釈を、フレーミングといいます。フレームとは窓枠のことです。窓の位置によって物事の見え方が変わります。このようにある物事に対する固定的な視点を変更しない限り、コンフリクトは解決できません。

「今」にフォーカス

問題解決のためには、過去を見つめるフレーミングから、未来に焦点を合わせるフレーミングへの転換を図る必要があります。たとえば、南アフリカの故ネルソン・マンデラ氏は、大統領就任に際して、報復ではなく未来に目を向けることで白人と黒人の融和を図ろうとしました。アパルトヘイト（人種隔離政策）によって、差別されたという経験のある黒人と、差別する側だった白人との緊張を緩和するためには、過去ではなく、現在、そして未来に目を向けさせるしかないという考え方をとり、これを繰り返し唱えるだけでなく、大統領自身が、実践していきました（リチャード・ステンゲル『信念に生きる　ネルソン・マンデラの行動哲学』英治出版、２０１２年）。私たちもコンフリクトに関しては、過去に目を向けてしまいがちです。しかし、過去にではなく、未来に目を向けて問題解決を図る以外にコンフリクトの解決はあり得ないのです。

6　感情を自己認識する

感情の暴走

交渉は感情によって左右されます。コンフリクトでは、相手の発言よりも、相手の発言に対して自分がどう思ったかに焦点を合わせた方が問題解決に近づくことができます。ここで大事なのは、自分の感情を抑圧してはいけないということなのです。対立や摩擦に直面したとき、冷静さを失って感情的になることもあります。

その感情を押さえ込まなければならない、なんとか冷静に対処しなければ、と思えば思うほど、感情は自分の中で荒れ狂います。このように、感情を止めることは不自然ですし、そもそも不可能なのです。

自己認識

感情を押し殺そうとすればするほど、相手に対する批判につながってしまいます。たとえば、「あの人は、性格が悪い」とか、「私のことを無能だと思っているのではないか」といった具合に、相手に対する悪い印象や不快感を評価につなげてしまうのです。このように悲観的な認知構造に陥ってしまう思考構造から抜けだして、冷静に対処するためには、自分が、感情的になっていることを自己認識することが重要です。

感情マップ

たとえば、自分がいま感情のどの段階にいるのか、感情マップを使って分析することも効果があります（アン・ディクソン『それでも話し始めよう　アサーティブネスに学ぶ対等なコミュニケーション』クレイン、２００６年、71頁)。感情マップでは、今の自分は、不安、怒り、悲しみのどの部分にあるのかを自己認識します。感情を自己認識すると、驚くほど冷静になるのです。

感情をコントロールするためには、感情的になっていることを認め、そしてそれを否定しないことが重要です。自己認識がなければ、認知のバイアスから抜け出すことはできません。「いま、交渉相手が無理な要求をしてくるので、不快な思いをしている」と素直に認めてみると、感情を相対化できるのです。

感情から偏見へ

感情の自己認識を怠ると、感情から生まれた印象が次第に確信に変わり、最終的には偏見にと固定化されていきます。「こんな無理な要求をする相手は、人間的に卑しい人間であるに違いない」というような決めつけです。

感情は自己認識することができますが、自分の中の偏見を自己認識するのは、はるかに難しいのです。自分の感情を抑えずに、自己認識すること、そこから感情による負の側面を克服することができるのです。

7　コンフリクトは氷山である

最初の対立は氷山の一角

コンフリクト・マネジメントでは、コンフリクトの全体像を把握することを重視します。そこで、コンフリクトは氷山にたとえられます。氷山で水上に現れている部分は、全体の10％程度でしかありません。水面下に巨大な氷の塊が存在します。コンフリクトも同じなのです。現在、お互いに主張し合っている内容は、コンフリクトの一部でしかないのです。実際には、コンフリクトの根は深いのです。

表面を削っても無駄

しかし多くの交渉では、表面に現れた対立をコンフリクトのすべてだと勘違いします。その結果、この「氷山の一角」を削り取ろうという安易な問題解決を図ろうとしてしまうのです。氷山の場合、氷を削っても、下から新たな氷の山が浮かび上がるだけです。コンフリクトも同様で、対症療法では、次々問題が浮かび上がってきます。

コンフリクトの大きさはどのくらいか？

　このように、解決を急ごうとするあまりコンフリクトの全体像を見誤ると、氷山に衝突して沈没したタイタニック号と同様に、コンフリクトの犠牲になってしまうのです。そこで、対立軸を見つけた場合、解決策を考える前にまず、対立軸の根はどのくらい深いのかを探ることが重要です。安易な対症療法に走らないこと、これがコンフリクト・マネジメントでは非常に重要となるのです。

8　人間の核心的欲求を理解する

　コンフリクトに直面した時、ハーバード大学交渉学プログラムのダニエル・シャピロ博士が提唱する人間の核心的欲求への配慮が参考になります。それは、相手の価値理解（Appreciation）、仲間として認められているというつながり（Affiliation）、意思決定の自由が保障されているという自律性（Autonomy）、自分の置かれた状況（ステータス）をふさわしいと感じているか、そして、自分の役割に満足しているかという視点から交渉相手との関係性を分析しようとするものです（ロジャー・フィッシャー、ダニエル・シャピロ『新ハーバード流交渉術』

講談社、2006年参照）。コンフリクトは、人間の本質的欲求がほんのわずかでも満たされない時にその芽が生み出され、次第に大きくなっていきます。このシャピロ博士のアプローチは、心理学の要素を取り入れた、新しいタイプの情動のマネジメントを提唱するものとして注目されています。特に、交渉相手の価値を理解するという視点は、コンフリクトでは、非常に重要な発想となります。そもそもコンフリクトとは、相手の価値を理解しない、無価値だと考えるか、無価値だと思い込みたい、という発想が生み出すともいえるのです。この価値理解を、相手との対立の激しい状況で、すぐに実践することは難しいかもしれません。しかし価値理解がない限り、相手との距離が縮まることはない、ということだけは頭の片隅に置いておく必要があるのです。

9　交渉相手に対する期待値を下げる

交渉相手に対する期待値

コンフリクトをエスカレートさせる原因は、交渉相手ではなく、自分自身の中にもあります。それは、私たちが抱く交渉相手に対する過剰な期待です。交渉相手は、「誠実に交渉すべき」

である、という期待がその代表例です。それ以外にも、「時間通りに来るべきである」とか、「プレゼンテーションの資料は、ちゃんとカラーで印刷すべきである」といった些細な問題から、「私の提案は正当なのだから、受け入れるべきである」といった期待まで、私たちはいつも、交渉相手にいろいろなことを期待しています。当然ながら、この期待を裏切られると腹が立ちます。この相手に対する期待値がコンフリクトをいっそう複雑にする原因なのです。

期待値が高いと批判したくなる

特に、「自分は、こんなにすばらしい解決策を提案しているのに交渉相手が合意しないのはおかしい」といった思いを抱くと、次第に交渉相手に対する期待は、交渉相手に対する非難に変わっていきます。最終的には相手を否定する（「あいつは愚かだ」とか、「話が通じない」など）ことになるのです。しかし、冷静に考えてみると、自分の提案が本当に相手にとって有益な提案となるのかどうか、という疑問もあります。この背景には、交渉相手は合理的な内容の合意案を受け入れるべきである、という過剰な期待、思い込みがあるのです。

他にも、相手に非があるのだから、相手から謝罪すべきであるとか、交渉相手は、不合理な要求をすべきではないといった期待をしている人が多いのです。

期待値を下げる

しかし、コンフリクト・マネジメントでは、このような過剰な期待を捨てましょう。たとえば、こちらの意見に耳を貸さない、責任は明白なのに言い訳に終始する、「善処する」といっても何もしない、約束したことを守らない、批判と非難だけに終始して、建設的な解決策を拒否する、さらに、一度発言した内容について、「自分はそんなことは言っていない」とうそぶいて、同じ話を蒸し返すなど、交渉相手の不愉快な態度を列挙すればきりがありません。

人は簡単には変わらない

このような態度に直面したとき、この態度を改めさせようとしてはいけません。また相手の態度を批判してもほとんど無駄です。このような場合には、そのような態度をなかったことのように接して、通常の提案や質問を続けることです。私たちは、結果だけがほしいのですから、この交渉相手を改心させるという困難なミッションを実現する義務はないのです。あなたとの交渉だけで相手が突然誠実な人間に生まれ変わることなどあり得ません。また相手にそこまで親切にしてあげる義務はないのです。

問題解決に目を向ける

不愉快な交渉相手の態度に対しては、自分のミッションを再確認すると少し冷静になることができます。すなわち、「この交渉で自分は何を得たいと思っているのか」というミッションを再確認するのです。

私たちの集中力を、交渉相手の不愉快な態度に振り向けてしまって疲弊するのではなく、問題解決、すなわち結果だけにフォーカスし続けることが大切です。

交渉相手に対する過度な期待は、実現不可能な完璧主義でしかありません。交渉相手の誠実かつ礼儀正しい態度や、理想的な問題解決が実現できる合意案、さらに交渉相手との完全な和解や関係修復といったハードルの高い合意を目指す前に、相手に対する過度な期待を捨てて、現段階で最も損失の少ない解決策は何か、という結果に焦点を合わせましょう。

相手への期待値を下げると、交渉相手に対して寛容になります。そもそも相手に期待していないのだから、少々の不快な態度や、交渉の進展を妨げる相手のミスも気にならないのです。このような態度で接していると、問題解決の糸口を見逃すことが少なくなります。交渉相手の表面的態度に振り回されないためには、あえて、相手への期待値を下げてみることが大切なのです。

10　裏口のドアを開けておく

決裂＝没交渉、を避ける

交渉では、お互いの意見の対立が激しくなると、途中で交渉決裂の危機に見舞われます。ただし、そのまま交渉が決裂してしまうと、問題解決の機会を失うことになります。このような場合であっても、お互いが話し合いによって問題解決をする機会を復活させることが重要です。

二人の弁護士

紛争解決の二つのアプローチを、アメリカの弁護士のスタイルを参考に二つのアプローチに分類して理解する考え方があります。まず最初は、法廷弁護士（Litigator）タイプです。アメリカでは、法廷弁護士の人気は高く、そして法廷弁護士の華々しい弁論や、対立する当事者への厳しい追及、論理的な反証は、よくテレビドラマにもなっています。この法廷弁護士は、法廷で自分の意見を堂々と主張し、徹底して相手の主張を覆していく、すなわち、闘争型の交渉スタイルを代表します。紛争解決では、このような法廷弁護士的なアプローチもとても大切です。

和解への道

そして、もう一つの弁護士のタイプが、和解交渉の弁護士（Settlement Counsel）です。お互いに最適な和解条件をひたすら考える弁護士というイメージです。当事者と会議室や、時には、ちょっとした雑談の機会を利用して和解を探っていくというイメージになります。これが裏口のドアからのアプローチです。お互いが激しく意見をぶつけ合っている表舞台から一歩引いて、水面下では和解の可能性を探っていくのです。もちろん訴訟の状況が、和解交渉にも影響しますので、両者の関係を完全に切り離すことはできません。しかし、表舞台での激しい議論とは距離を置いて、全体の状況を見ながら、和解を探ること、このアプローチこそ、コンフリクト・マネジメントでは非常に重要なアプローチなのです（Robert H. Mnookin, *Beyond Winning: Negotiating to Create Value in Deals and Disputes*（Belknap Pr 2004）p.181）。

裏口のドアを開けておく

裏口のドアを開けるという発想は一見簡単なように見えます。しかし、お互いの感情的な対立が激しいときには、これを実践するのは難しいのです。ビジネスの交渉でも、紛争が悪化すると、相手との交渉それ自体に消極的になる傾向が見られます。このような時にこそ裏口のドアを開け、何らかの接触の機会を常に探るようにすべきです。例えば、先程のキューバ危機の場合でも、ロバート・ケネディ司法長官と、ドブルイニン・ソ連大使はまさに裏口のドアを開けて交渉しました。この交渉の場では、ミサイルを撤去するか否か、という二分法の議論というよりは、むしろ、どうすれば、ソ連がミサイルを撤去できるのか、という観点から、提案がなされています。この会談の中では、キューバからミサイルが撤去された後、この撤去に対する交換条件としてではないという形をとることを条件に、数ヶ月後、トルコに配備しているジュピター・ミサイルを撤去してもよい、というケネディ側の提案が秘密裏に行われました（フレドリック・スタントン『歴史を変えた外交交渉』原書房、2013年、258頁）。

このように、外交交渉に限らず、ビジネス交渉でも、対立が激しい交渉の場合は、お互いが徹底的に主張を繰り広げうる状況と、冷静に和解の可能性を探る状況の二つが交錯しながら効果的な問題解決を探っていくのです。

裏口のドアは小さくする

なお裏口のドアを開け、相手と交渉する場合は、できるだけ交渉担当者の人数を制限した方がよいでしょう。またこのような交渉の際の話し合いについては、自由な議論を喚起するため、発言内容を公表したり、公の場で問題にしたり、さらには、その際の交渉の話し合いを盾にとって強行に和解を迫るといった態度は、さらに紛争を悪化させることになります。このように裏口のドアを開けて交渉する姿勢を見せながら、コンフリクトは、硬軟両面で解決していくものなのです。

11　教養としての交渉学

交渉の時代

21世紀になり、世界情勢は大きく変化し続け、日本を取り巻く状況はますます混沌としていきます。今までの価値観が大きく変わっていく中で、日本企業そして日本政府、そして日本人自身が、グローバルな世界に向けて、自分たちの立場や主張を正確に伝える必要性があります。そしてグローバルな社会の中で、自分たちの主張と他の国々の主張をぶつけ合い、ときには意見が対立し論争になることを恐れず、最終的には建設的な合意に結びつける力、交渉力がまさに求められているのです。

発想の転換が必要

しかし日本では、まだまだ交渉の本質が十分に理解されているとはいえません。私たちは、交渉によって問題を解決することよりも、むしろ交渉することなく自分たちが努力すること、たとえば、「多くを語らず、黙々とやるべきことを実行する」ほうが、好ましいという発想にとらわれてしまうことがあるからです。日本人は多くを語らないこと、言葉ではなく態度で示すことを重視するあまり、言葉を使って、自分の立場を主張したり、相手の提案に意見や質問をしたりすることそれ自体を、潔しとしない傾向があります。しかし、このような日本人の感覚それ自体が、グローバルな交渉では、マイナスになることも少なくありません。

対立も交渉の一部である

また、日本人の美徳として、相手の気持ちを察するというすばらしい資質があります。これは、交渉においても重要な能力です。ただし残念ながら、グローバルな交渉では、こちらの善意は、言葉にしなければ通用しないと考える必要があります。そして、単に相手に言葉で伝えるだけでは足りないのです。

むしろ重要なのは、こちらの考えを伝え、相手の意見を聞き、そこで議論することなのです。たとえば、「この提案は、交渉相手にとって利益がある、したがって、当然相手もこれは理解してくれるはずだ」と思って交渉しても、おそらく、私たちの意図したとおりに相手が理解してくれることのほうが少ないでしょう。グローバルな交渉では、我々の立場や主張を理解してもらうためには、私たちが想像している以上に、たくさんの言葉が必要とされるのです。

そして交渉や対話の場では、時には、私たちにとって、全く理不尽としか思えない批判や反論に直面することもあります。グローバルな交渉では、このような理不尽な批判や反論に対して、毅然と論争を挑み、相手との対話を続ける必要があります。対立という不愉快な状況に直面しても、その場にとどまり続けることが求められるのです。

対決する勇気

グローバルな交渉では、相手からの理不尽な批判や、事実に反する説明に対しては、矛盾を追及し反論するのが常識です。これに対して、その程度のことで反論するのは「大人げない」と考えてしまう姿勢では、一方的に不利な状況に陥ります。相手がそのような批判をやめるまで反論し続ける、対決する勇気が必要な場合も出てくるのです。一般に、国際的な交渉では、反論しないことは認めたことになってしまう危険性があるのです。さらに一回だけの反論では、反論している、とはみなされません。このように自らの立場を守るためには、言葉による闘争を挑む必要があります。

誹謗中傷はしない

グローバルな交渉では、相手の文化や宗教の内容をジョークにしたり、批判的なコメントをすることはタブーです。これは皆さんもご存じだと思います。しかし、生半可な世界史の知識があったりすると、つい口を滑らせてしまうので注意が必要になります。交渉相手が、そのアイデンティティのよりどころとしている価値の源泉を侮辱してしまうことは、宣戦布告に等しい行為です。このような相手の文化に配慮しない発言を平然としてしまうような交渉は、全く品位を欠く交渉スタイルなのです。これが私たちに振り向けられたときの対応も重要です。すなわち、私たちがこのような侮辱を受けたときは、毅然と抗議し、この不愉快な状況に正面から対峙することを忘れてはなりません。

交渉力という教養の必要性

私たちは、交渉学は品格のある対話力を身につけるための教養の一つだと考えています。単なる詭弁（レトリック）でもなく、心理戦術だけで終始するわけではないという、問題解決のための交渉学は、これから日本が、グローバル社会の中で、その強みを発揮するための不可欠な基礎教養です。そして、日本人には「三方よし」の発想に見られるように、効果的な交渉スタイルを習得しやすいメンタリティを持っています。問題は、グローバル社会では、その三方よしを発揮するためには、それなりの戦略性が求められるということなのです。したがって、交渉学の方法論を身につけることができれば、交渉力が日本にとって大きな力になるはずです。

交渉力を鍛えるには

そこで交渉力とは、まず、①対立にあわてず、適切に自己主張し、相手の価値を理解する努力を継続すること、そして、②表面的な態度や、脅し、ごまかしに惑わされず、真意を見抜き、毅然と対応すること、③交渉相手の圧力に屈して安易に譲歩せず、時には、意見の対立を恐れず議論し続けることができること、最後に、④どれほど対立的な状況が深刻化したとしても、最後まで対話による問題解決をあきらめないこと、という四つの交渉姿勢をあらゆる状況下で維持することができる能力を意味します。

このような交渉力は、交渉学を体系的に学習することによって習得することができます。では、どのような学習方法が効果的でしょうか。もちろん、交渉学の研修や授業を受講することで効率的に習得することができると思います。しかし、まず自分で学習したい、という場合は、本書の内容を次のように実践してみることをおすすめします。まず、必ず交渉前の準備段階で準備の内容を簡単にメモし、それを交渉結果と照らし合わせてみてください。このフィードバック型の学習は効果的です。次に、たとえば、大型合併の交渉のニュースや、外交交渉の新聞記事を読み、交渉学の視点から分析してみることも効果的です。交渉学の視点から、この交渉はどのように評価できるだろうかと考えてみたり、当事者の立場で今後の展開をシミュレーシヨンしてみると、交渉学のポイントを整理することができます。このように、交渉学という視点から世界を見つめ直すこと、それが交渉力という教養を強化する第一歩になるのです。

あとがき

今から30年前、私はハーバード・ロースクールに留学し、日本では思いもつかない授業、しかも大変な人気授業であった交渉学を受講しました。そして、その衝撃を今でも鮮明に覚えています。徹底した模擬交渉中心の授業によって、私の学問に対する考え方も劇的に変わりました。その学びを胸に刻み込み、帰国した私は、日本でこの分野の普及を考え、隅田先生と共に日本版交渉学の研究開発を進めました。独自に開発した模擬交渉の実証実験やヒアリングによって、教育プログラムを作りました。そして、２０００年にオープンした慶應丸の内シティキャンパスで、社会人向けの交渉学教育を行う機会を得たのです。幸い、この研修は大変好評となり、現在も続いています。交渉学が必要とされていることを私たちは実感しました。

そして、交渉学教育の普及には、もうひとつ、大きな意味があります。それは、交渉学とは、単なる表面的な駆け引きやだましあいの技術を教えるものではなく、創造的問題解決の方法論を研究する学問であることを紹介できたということです。私は、交渉相手の価値を理解し、双方が満足できる合意を目指す交渉学は、新しい教養だと考えています。慶應義塾の創始者である福澤諭吉は、「気品の泉源、智徳の模範」という言葉を残しました。日本人は、教養といえば知識を重んじ、それは福澤の言葉でいえば「智徳」を重視する傾向があります。しかし、教養人には、「気品」が智徳とともに必要なのです。

ちなみに、古代ギリシャの時代から、教育の原点は、リベラルアーツ（教養）教育でした。そこでは、修辞学、弁証法等によって、論理思考、対話と議論の技法を学びます。「気品の泉源、智徳の模範」のバランスが大切なのです。しかし、残念ながら、知識と対話のバランスを重視した教育は、社会人向けの研修では重視されるものの、大学ではあまり重視されてきませんでした。このことは今後の日本の高等教育を見直す際に考えるべきことかもしれません。

とはいえ、交渉学への取り組みは、次第に実を結びつつあります。2年前から慶應義塾大学法学部では、交渉学は正式な授業になりました。しかも受講生は2年目で約460名に増え、230組がペアになって模擬交渉を行うという壮大な授業に発展しました。授業の運営は大変ですが、この授業を大切に育てていきたいと思っています。

このように「もう一つの教養」としての交渉学が着実に普及すること、そして本書がその一助となればと思っています。

2014年2月

著者を代表して

田村次朗

術』（講談社　2006）
ディーパック・マルホトラ，マックス・H・ベイザーマン『交渉の達人』（日本経済新聞出版社　2010）
ヘールト ホフステード，ヘルト ヤン ホフステード，マイケル ミンコフ『多文化世界 -- 違いを学び未来への道を探る 原書第３版』（有斐閣 2013）
Robert H. Mnookin, Scott R. Peppet, Andrew S. Tulumello, *Beyond Winning: Negotiating to Create Value in Deals and Disputes*（Belknap Press 2004）
Robert H. Mnookin, *Bargaining with the Devil: When to Negotiate, When to Fight*（Simon & Schuster 2010）
マーサ・ヌスバウム『感情と法　現代アメリカ社会の政治的リベラリズム』（慶應義塾大学出版会　2010）
フレドリック・スタントン『歴史を変えた外交交渉』（原書房　2013）
リチャード・ステンゲル『信念に生きる　ネルソン・マンデラの行動哲学』（英治出版　2012）

ゲーリー・スペンス『議論に絶対負けない法―全米ナンバーワン弁護士が書いた人生勝ち抜きのセオリー　知的生きかた文庫』（三笠書房　1998）
ジェームズ・スロウィッキー『「みんなの意見」は案外正しい』（角川書店　2006）
クリストファー・ボグラー，デイビッド・マッケナ『物語の法則 強い物語とキャラを作れるハリウッド式創作術』（アスキー・メディアワークス　2013）

第６章　最高の合意を作り出す交渉の進め方

マックス・H. ベイザーマン，ドン・A. ムーア『行動意思決定論―バイアスの罠』（白桃書房　2011）
マックス H. ベイザーマン，マイケル D. ワトキンス『予測できた危機をなぜ防げなかったのか？―組織・リーダーが克服すべき３つの障壁』（東洋経済新報社　2011）
ギュスターヴ・ル・ボン『群集心理』（講談社学術文庫　1993）
Irving L. Janis, *Groupthink: Psychological Studies of Policy Decisions and Fiascoes*（Houghton Mifflin School 1982）
ロバート・キーガン，リサ・ラスコウ・レイヒー『なぜ人と組織は変われないのか―ハーバード流 自己変革の理論と実践』（英治出版　2013）
スタンレー・ミルグラム『服従の心理』（河出文庫　2012）
A・オズボーン『創造力を生かす　アイデアを得る38の方法　新装版』（創元社　2008）
マイケル・A・ロベルト『決断の本質 プロセス志向の意思決定マネジメント』（英治出版　2006）
マイケル・A・ロベルト『なぜ危機に気づけなかったのか―組織を救うリーダーの問題発見力』（英治出版　2010）
トーマス・シーリー『ミツバチの会議　なぜ常に最良の意思決定ができるのか』（築地書館　2013）
ウィリアム・L・ユーリ、ステファン・B・ゴールドバーグ、ジーン・M・ブレット『「話し合い」の技術―交渉と紛争解決のデザイン』（白桃書房　2002）

第７章　対立を乗り越えて――コンフリクト・マネジメント

マックス・H・ベイザーマン、マーガレット・A・ニール『マネジャーのための交渉の認知心理学―戦略的思考の処方箋』（白桃書房　1997）
ケヴィン・ダットン『サイコパス　秘められた能力』（NHK 出版　2013）
ロジャー・フィッシャー、ダニエル・シャピロ『新ハーバード流交渉

ダグラス・ストーン，ブルース・パットン，シーラ・ヒーン，ロジャー・フィッシャー『話す技術・聞く技術―交渉で最高の成果を引き出す「3つの会話」』（日本経済新聞出版社　2012）

第4章　交渉戦略を立案する――事前準備の方法論

ジム・キャンプ『交渉は「ノー!」から始めよ―狡猾なトラに食われないための33の鉄則』（ダイヤモンド社　2003）
DIAMOND ハーバード・ビジネス・レビュー編集部編『「交渉」からビジネスは始まる HBR アンソロジーシリーズ』（ダイヤモンド社　2005）
ハーバードビジネススクールプレス『ハーバード・ビジネス・エッセンシャルズ〈5〉交渉力』（講談社　2003）
樋口範雄『はじめてのアメリカ法　補訂版』（有斐閣　2013）
マイルズ・L・パターソン『言葉にできない想いを伝える　非言語コミュニケーションの心理学』（誠信書房　2013）
Howard Raiffa, John Richardson, David Metcalfe, *Negotiation Analysis: The Science and Art of Collaborative Decision Making*（Belknap Press 2003）
ポール・シューメーカー『ウォートン流シナリオ・プランニング』（翔泳社　2003）
ウッディー・ウェイド『シナリオ・プランニング――未来を描き、創造する』（英治出版　2013）

第5章　交渉をマネジメントする

ロバート・B・チャルディーニ『影響力の武器　なぜ人は動かされるのか』（誠信書房　2007）
ロバート・B・チャルディーニ他『影響力の武器 コミック版』（誠信書房　2013）
N.J. ゴールドスタイン，S.J. マーティン，R.B. チャルディーニ『影響力の武器 実践編―「イエス!」を引き出す50の秘訣』（誠信書房　2009）
ジョン・S・ハモンド、ラルフ・L・キーニー、ハワード・ライファ『意思決定アプローチ　分析と決断』（ダイヤモンド社　1999）
スティーブン・P・ロビンズ『もう決断力しかない―意思決定の質を高める37の思考法』（ソフトバンククリエイティブ　2004）
スティーブン・P・ロビンズ『【新版】組織行動のマネジメント―入門から実践へ』（ダイヤモンド社　2009）
スティーブン・P・ロビンズ『マネジメントとは何か』（ソフトバンククリエイティブ　2013）
フランク・ローズ『のめりこませる技術―誰が物語を操るのか』（フィルムアート社　2012）

ダニエル・カーネマン『ファスト・アンド・スロー(上・下)』(早川書房　2012)
加藤昌治『考具―考えるための道具、持っていますか?』(TBSブリタニカ　2003)
香西秀信『反論の技術―その意義と訓練方法』(明治図書出版　1995)
香西秀信『論より詭弁 反論理的思考のすすめ』(光文社新書　2007)
香西秀信『論理病をなおす!―処方箋としての詭弁』(ちくま新書　2009)
香西秀信『レトリックと詭弁 禁断の議論術講座』(ちくま文庫　2010)
パオロ・マッツァリーノ『反社会学講座』(イースト・プレス　2004)
ドミニク・J・ミシーノ『NYPD No.1　ネゴシエーター最強の交渉術』(フォレスト出版　2005)
野矢茂樹『新版 論理トレーニング』(産業図書　2006)
スティーヴン・トゥールミン『議論の技法　トゥールミンモデルの原点』(東京図書　2011)
Susan Weinschenk『インタフェースデザインの心理学―ウェブやアプリに新たな視点をもたらす100の指針』(オライリージャパン　2012)

第3章　パワープレーを打ち破るには

アラン・ダーショウィッツ『ハーバード・ロースクールアラン・ダーショウィッツ教授のロイヤーメンタリング』(日本評論社　2008)
ガイ・ドイッチャー『言語が違えば、世界も違って見えるわけ』(インターシフト　2012)
アン・ディクソン『それでも話し始めよう アサーティブネスに学ぶ対等なコミュニケーション』(クレイン　2006)
ジャニーン・ドライヴァー、マリスカ・ヴァン・アールスト『FBIトレーナーが教える　相手の嘘を99%見抜く方法』(宝島社　2012)
スーザン・フォワード『となりの脅迫者』(パンローリング　2012)
レイ・ハーバート『思い違いの法則：じぶんの脳にだまされない20の法則』(インターシフト　2012)
クリストファー・ハドナジー『ソーシャル・エンジニアリング』(日経BP社　2012)
平田オリザ『演劇入門』(講談社現代新書　1998)
平田オリザ『わかりあえないことから――コミュニケーション能力とは何か』(講談社現代新書　2012)
A.R. ホックシールド『管理される心―感情が商品になるとき』(世界思想社　2000)
サム・サマーズ『考えてるつもり――「状況」に流されまくる人たちの心理学』(ダイヤモンド社　2013)

参考文献

第１章　交渉を失敗させる三つの誤解・交渉を成功させる三つの原則

ロイ・バウマイスター『意志力の科学』（インターシフト　2013）
Getting to Yes（Roger Fisher, William L. Ury, Bruce Patton, *Getting to Yes: Negotiating Agreement Without Giving In* , Penguin Books; Revised 版（2011）（翻訳として、ロジャー・フィッシャー、ウィリアム・ユーリー『ハーバード流交渉術　必ず「望む結果」を引き出せる！』（三笠書房2011）、旧版の翻訳として、ロジャー・フィッシャー、ブルース・パットン、ウィリアム・ユーリー『新版 ハーバード流交渉術』（阪急コミュニケーションズ　1998）
アブナー・グライフ『比較歴史制度分析』（NTT 出版　2009）
ハイディ・グラント・ハルバーソン『やってのける～意志力を使わずに自分を動かす』（大和書房　2013）
チップ・ハース、ダン・ハース『決定力！：正解を導く４つのプロセス』（早川書房　2013）
印南一路『ビジネス交渉と意思決定　脱“あいまいさ”の戦略思考』（日本経済新聞社　2001）
岡ノ谷一夫『「つながり」の進化生物学』（朝日出版社　2013）
ウィリアム・ユーリー『決定版 ハーバード流“NO”と言わせない交渉術　知的生きかた文庫』（三笠書房　1995）
マイケル・トマセロ『コミュニケーションの起源を探る』（勁草書房　2013）
一色正彦、高槻亮輔『売り言葉は買うな！　ビジネス交渉の必勝法』（日本経済新聞出版社　2011）
一色正彦、田上正範、佐藤裕一『理系のための交渉学入門　交渉の設計と実践の理論』（東京大学出版会　2013）

第２章　感情と心理バイアス、そして合理性

ポール・エクマン『顔は口ほどに嘘をつく』（河出書房新社　2006）
D. M. ブッシュ、M. フリースタット、P. ライト『市場における欺瞞的説得―消費者保護の心理学』（誠信書房　2011）
リー・コールドウェル『価格の心理学 なぜ、カフェのコーヒーは「高い」と思わないのか？』（日本実業出版社　2013）
フレドリック・ヘレーン『スウェーデン式　アイデア・ブック』（ダイヤモンド社　2005）
池谷裕二『自分では気づかない、ココロの盲点』（朝日出版社　2013）

は行

ま行・や行

ら行・わ行

項目索引

アルファベット

あ行

か行

さ行

た行・な行

著者略歴

田村　次朗（たむら　じろう）
慶應義塾大学法学部卒、ハーバード・ロースクール修士課程修了、慶應義塾大学大学院法学研究科博士課程。ブルッキングス研究所、アメリカ上院議員事務所客員研究員、ジョージタウン大学ロースクール兼任教授、慶應義塾大学法学部教授を経て、慶應義塾大学名誉教授(特任教授)、大学院大学至善館教授、弁護士。ハーバード大学国際交渉学プログラム・インターナショナル・アカデミック・アドバイザー。ホワイト＆ケース法律事務所特別顧問。
＜著書＞『交渉の戦略』(ダイヤモンド社)、『ビジュアル解説　交渉学入門』(共著、日本経済新聞出版社)、『独占禁止法』(共著、弘文堂)、『ハーバード＆慶應流　交渉学入門』(中公新書ラクレ)ほか。

隅田　浩司（すみだ　こうじ）
慶應義塾大学法学部法律学科卒、同大学院法学研究科修士課程、後期博士課程修了(博士〈法学〉)。東京大学先端科学技術研究センター特任研究員を経て、現在、東京富士大学経営学部経営学科(大学院経営学研究科)教授。金沢工業大学大学院工学研究科知的創造システム専攻客員教授。慶應義塾大学グローバルセキュリティ研究所(GSEC)客員研究員。専門は、経済法、国際経済法、交渉学。
＜著書＞『プロフェッショナルの戦略交渉術―合意の質を高めるための31ポイント』(日本経団連出版)、『ビジュアル解説　交渉学入門』(共著、日本経済新聞出版社)ほか。

日経文庫1299

戦略的交渉入門

2014年3月14日　1版1刷
2024年9月27日　　10刷

著　者　田村次朗・隅田浩司
発行者　中川ヒロミ
発　行　株式会社日経BP
　　　　日本経済新聞出版
発　売　株式会社日経BPマーケティング
　　　　〒105-8308　東京都港区虎ノ門4-3-12

印刷　広研印刷・製本　大進堂

ISBN978-4-532-11299-8　Printed in Japan